Kohlhammer

Die Autorin

Dr. Eva-Verena Wendt ist Diplom-Psychologin und wissenschaftliche Referentin am Deutschen Jugendinstitut (DJI) in München. Sie beschäftigt sich im Schwerpunkt mit der Entwicklung im Jugendalter, insbesondere im Bereich Sexualität, Partnerschaften und Problemverhalten, mit verschiedenen Familienbeziehungen auf Partnerschafts-, Eltern-Kind- und Geschwisterebene, sowie mit unterschiedlichen Familienformen, insbesondere der Familienentwicklung nach Trennung/Scheidung/Adoption. 2011 wurde sie mit dem Preis der Peregrinus-Stiftung der Bayerischen Akademie der Wissenschaften (BAdW) für herausragende Publikationen mit gesellschaftspolitischer Relevanz ausgezeichnet.

Eva-Verena Wendt

Die Jugendlichen und ihr Umgang mit Sexualität, Liebe und Partnerschaft

Verlag W. Kohlhammer

Für Klaus und unsere wunderbaren Söhne Laurenz, Xaver und Hannes

1. Auflage 2019

Gesamtherstellung: W. Kohlhammer GmbH, Stuttgart

Print:
ISBN 978-3-17-030236-5

E-Book-Formate:
pdf: ISBN 978-3-17-030237-2
epub: ISBN 978-3-17-030238-9
mobi: ISBN 978-3-17-030239-6

Inhalt

1

Einleitung: Partnerschaften und Sexualität im Jugendalter als Forschungsgegenstand

Liebe, Partnerschaften und Sexualität gehören fraglos zu *den* zentralen Themen im Leben Jugendlicher. In den Fantasien der Jugendlichen oder den Gesprächen und Chats unter Gleichaltrigen ist das Thema allgegenwärtig, aber auch in Jugend-Zeitschriften, -Musik und -Büchern. Trotzdem haben sich Wissenschaftler lange Zeit nicht systematisch mit diesem Themenfeld auseinandergesetzt, wobei dies insbesondere für den Bereich der Liebesbeziehungen im Jugendalter galt (Brown, Feiring & Furman, 1999), weniger für das Thema Jugendsexualität. Brown und Kollegen/-innen (1999) gehen davon aus, dass die Liebesbeziehungen Jugendlicher lange Zeit aus fünf Gründen nicht untersucht wurden:

1. Die gängigen Theorien, die auf dauerhafte Liebesbeziehungen Erwachsener angewandt werden, z. B. zur Partnerwahl, passen nicht.
2. Die Beziehungen Jugendlicher, die nicht auf Dauerhaftigkeit angelegt sind, besitzen in den Augen der Forscher/innen nicht die nötige Reife und Ernsthaftigkeit.
3. Die Kurzlebigkeit der Beziehungen erschwert deren Untersuchung.
4. Im Zentrum der Forschungsaufmerksamkeit liegen mehr die sexuellen Beziehungen der Jugendlichen.
5. Die psychologische Forschung betrachtet eher innerfamiliäre Beziehungen.

Den Aufbruch in eine neue Forschungsära stellte eine wegweisende Sammlung von Aufsätzen und Studien dar, die Wyndol Furman, B. Bradford Brown und Candice Feiring (1999) unter dem Titel »The Development of Romantic Relationships in Adolescence« publizierten. Seither sind zahlreiche internationale wie auch nationale Publikationen zum Thema Partnerschaften im Jugendalter entstanden, die das Thema auf vielfältige Weise beleuchten (vgl. von Salisch & Seiffge-Krenke, 2008; Collins, Welsh & Furman, 2009; Seiffge-Krenke & Shulman, 2012; Vierhaus & Wendt, 2018; Connolly & McIsaac, 2009). Bereits in den Anfängen der Forschung in diesem Bereich sind auch spezifische Modelle zur Partnerschaftsentwicklung im Jugendalter formuliert worden, die davon ausgehen, dass sich die Partnerschaften im Verlauf des Jugendalters zunehmend intensiv und langfristig gestalten (Brown, 1999; Connolly & Goldberg, 1999; Furman & Wehner, 1994; Furman & Wehner, 1997) und dass die Erfahrungen im Bereich der romantischen Beziehungen in enger Verbindung mit anderen Beziehungskontexten, etwa der Eltern-Kind-Beziehung, stehen (Furman & Wehner, 1994; Bryant & Conger, 2002; Gray & Steinberg, 1999).

Nicht ganz so stiefmütterlich wurde der Bereich Sexualität im Jugendalter behandelt. Die sexualwissenschaftliche Forschung der Jugendsexualität in Deutschland lässt sich dabei drei Epochen zuordnen (Klein & Sager, 2010):

- der Enttabuisierungsepoche in den 1960er/70er Jahren,
- der Individualisierungsepoche in den 1980er Jahren
- und schließlich der Aids-Epoche in den 1990er Jahren (Klein & Sager, 2010, S. 104).

Bereits seit dem Jahr 1980 führt die Bundeszentrale für Gesundheitliche Aufklärung (BZgA) regelmäßig ihre Studie »Jugendsexualität« durch, mit ihrer jüngsten Studie »Jugendsexualität 2015« mit Daten aus dem Jahr 2014 (Bode & Heßling, 2015) (▸ Kap. 3.2.2). Diese Studie erlaubt damit auch historische Vergleiche zwischen den beforschten Dekaden. So kann beispielsweise gezeigt werden, dass seit den 1980er Jahren der Anteil von sexuell aktiven Jugendlichen immer größer geworden ist, dass es allerdings in jüngster Zeit keine weitere Vorverlagerung des Einstiegsalters beim ersten Geschlechtsverkehr mehr gibt (Bode & Heßling, 2015). Darüber hinaus wurden aktuell auch bisher unerschlossene Populationen, etwa Jugendliche mit Migrationshintergrund oder ältere Jugendliche beim Übergang ins junge Erwachsenenalter ins Visier genommen.

Der vorliegende Band hat das Ziel, einen relativ umfassenden Überblick über den aktuellen Forschungsstand im Bereich der romantischen und sexuellen Entwicklung im Jugendalter zu geben. Hierzu werden relevante Theorien aufgeführt und mit nationalen und internationalen empirischen Befunden untermauert. Zu Beginn des Buches wird die Bedeutung der Entwicklung in diesem Bereich als wichtige Entwicklungsaufgabe des Jugendalters dargestellt (▸ Kap. 2). In zwei Großkapiteln folgt dann die Darstellung der Entwicklung im Bereich der Sexualität (▸ Kap. 3) und im Bereich der romantischen Beziehungen (▸ Kap. 4). Diese Kapitel enthalten jeweils viele Subkapitel mit einer genauen Darstellung des jeweiligen Forschungsstandes, u. a. im Hinblick auf Einflussfaktoren, Problementwicklungen und spezifische Anwendungsfelder (beispielsweise zum Thema Verhütung siehe Kapitel Sexualität oder zum Thema Gewalt in Datingbeziehungen siehe Kapitel Romantische Beziehungen). Im Anschluss an diese beiden Großkapitel erfolgt die Darstellung der Verzahnung der beiden Entwicklungsbereiche während des Jugendalters (▸ Kap. 5), von Besonderheiten in diesen Entwicklungsbereichen bei LSBT*I*Q-Jugendlichen (▸ Kap. 6) sowie letztlich die Darstellung von spezifischen Präventionsangeboten im Jugendalter für die Bereiche Sexualität und Partnerschaft (▸ Kap. 7).

2

Sexualität und Partnerschaften als Entwicklungsaufgaben im Jugendalter

Das Jugendalter ist eine Altersphase, in der es im Bereich der Sexualentwicklung und der sozialen Beziehungen zu fundamentalen Veränderungen kommt. Den Umgang mit dem eigenen Körper, sexuellen Bedürfnissen und mit Liebespartnern/-innen zu erlernen, gehört zu den zentralen Entwicklungsaufgaben der Adoleszenz (Fend, 2005). Das Konzept der Entwicklungsaufgaben wurde ursprünglich von Robert J. Havighurst in den 1930er und 1940er Jahren formuliert (Havighurst, 1948) und ist in Deutschland vor allem durch Eva und Michael Dreher untersucht worden (Fend, 2005), wobei neuere Untersuchungen beispielsweise auch kulturelle Unterschiede von Entwicklungsaufgaben in den Blick nehmen (Silbereisen & Weichold, 2012) oder die Bedeutsamkeit der von Havighurst formulierten Aufgaben für die Anpassung im Jugend- und jungen Erwachsenenalter belegen (Seiffge-Krenke & Gelhaar, 2008).

Dem Entwicklungsaufgabenkonzept zufolge stellen sich im Jugendalter, wie in anderen Lebensphasen auch, bestimmte Lernaufgaben, deren Bewältigung in der jeweiligen Altersphase am günstigsten gelingt (Oerter & Dreher, 2008). Die Grundlage dieser Aufgaben bilden

- die *biologischen Veränderungen* während des Jugendalters, v.a. hormonelle Veränderungen und das Erreichen der Geschlechtsreife sowie Veränderungen des Gehirns, insbesondere im präfrontalen Kortex,
- *gesellschaftliche Rahmenbedingungen und Anforderungen* (etwa die Notwendigkeit, einen Schulabschluss zu erreichen) sowie
- *individuelle Ziele* der Jugendlichen selbst (vgl. Silbereisen & Weichold, 2012).

Zusammenfassend lässt sich also definieren: »Entwicklungsaufgaben sind an das Alter gebundene Anforderungen, die sich typischerweise jedem Individuum im Laufe des Lebens stellen. Sie ergeben sich durch das Zusammenspiel biologischer Veränderungen des Organismus, Erwartungen und Anforderungen, die aus dem sozialen Umfeld an das Individuum gestellt werden, sowie Erwartungen und Wertvorstellungen seitens des Individuums selbst« (Eschenbeck & Knauf, 2018, S. 24).

Als entscheidende Entwicklungsaufgaben der Adoleszenz gelten nach Havighurst für das Alter von etwa 12 bis 18 Jahren (Eschenbeck & Knauf, 2018, S. 26):

- *Aufbau neuer und reifer Beziehungen zu Gleichaltrigen des eigenen und anderen Geschlechts,*
- *Übernahme der männlichen bzw. weiblichen Geschlechtsrolle,*
- *Akzeptieren des eigenen Körpers und dessen effektive Nutzung,*

- Loslösung und emotionale Unabhängigkeit von Eltern und anderen Erwachsenen,
- ökonomische Unabhängigkeit,
- Berufswahl und -ausbildung,
- *Vorbereitung auf Heirat und Familienleben,*
- Erwerb intellektueller Fähigkeiten, um eigene Rechte und Pflichten ausüben zu können
- Entwicklung sozial verantwortlichen Verhaltens
- Erlangen von Werten und eines ethischen Systems, das einen Leitfaden für das eigene Verhalten darstellt.

Aufgaben, die ganz direkt mit der romantischen und sexuellen Entwicklung in Verbindung stehen, wurden kursiv gesetzt, sodass deutlich wird, dass dieser Entwicklungsbereich einen großen Anteil der zu bewältigenden Aufgaben einnimmt. Eine starke Verbindung hat dieser Aufgabenbereich auch zur Aufgabe der Loslösung von den Eltern. Und auch die beiden letzten Aufgaben in der Liste sind für die Gestaltung von romantischen und insbesondere sexuellen Beziehungen relevant, wenn man beispielsweise davon ausgeht, dass sexuelles Handeln immer auch mit spezifischen Folgen, etwa einer unerwünschten Schwangerschaft, einhergehen kann und die Übernahme sozialer Verantwortung erfordert.

Fend sieht in diesem Zusammenhang die Bewältigung der Sexualität sogar als Kernaspekt der sozialen Entwicklungsaufgaben im Jugendalter: »Zu lernen, Liebesbeziehungen einzugehen und zu lösen, könnte deshalb mit Fug und Recht als die übergeordnete Aufgabe angesehen werden« (Fend, 2005, S. 258f). Fend sieht die Aufgabe der Sexualität als eine Verquickung ganz zentraler menschlicher Bedürfnisse: Dem Bedürfnis nach *Akzeptanz und Selbstwert*, dem Bedürfnis nach *Bindung* sowie die Einbettung von Erotik und Sexualität in soziale Bindungen und Verpflichtungen. Damit entsteht eine enge Verbindung der Frage nach der Sexualität mit der Frage nach *moralischen Normen*, und damit schließlich der Entwicklung der Sozialität des Jugendlichen. Darüber hinaus geht es auch um die Entwicklung im Bereich der Personalität, hat

Sexualität doch auch mit *Authentizität* zu tun, also der eigenen geschlechtlichen Identitätsbildung und der damit verbundenen Frage, was im Bereich der Sexualität »...einem gemäß und nicht gemäß ist, was man für sich zu einem bestimmten Zeitpunkt in einer bestimmten Situation mit einem bestimmten Partner möchte« (Fend, 2005, S. 259; siehe auch Wendt, 2009). Zusammenfassend enthält die Entwicklungsaufgabe »Umgang mit Sexualität lernen« also drei zentrale Aspekte:

1. einen verantwortungsvollen Umgang mit der Sexualität,
2. die Einbindung in soziale Bindungen und
3. die Platzierung im Kern des Selbstverständnisses der Person (Fend, 2005, S. 259).

Die Entwicklungsaufgaben des Jugendalters stellen sich nicht isoliert nur in dieser spezifischen Altersphase, sondern haben ihre Vorläufer und auch Nachfolger in den Aufgaben der mittleren Kindheit und des jungen Erwachsenenalters. In der mittleren Kindheit (etwa 6 bis 12 Jahre) wären dies beispielsweise der Aufbau einer gesunden Einstellung zu sich als wachsender Organismus, das Lernen mit Gleichaltrigen zurechtzukommen oder das Erlernen einer angemessenen männlichen oder weiblichen sozialen Rolle; im jungen Erwachsenenalter (etwa 18 bis 30 Jahre) u. a. einen Lebenspartner/eine Lebenspartnerin zu finden, zu lernen, mit dem Partner/der Partnerin zusammenzuleben, die Gründung einer Familie und Kinder aufzuziehen (Eschenbeck & Knauf, 2018, S. 26).

Bezogen auf die romantische und sexuelle Entwicklung zeigt die Forschung tatsächlich, dass die Bewältigung spezifischer Lernaufgaben im Kindes- und Jugendalter wichtige Vorläufer für die erfolgreiche Etablierung von Partnerschaften im Erwachsenenalter darstellen. Allerdings scheinen entsprechende Entwicklungsprozesse nicht immer domänenspezifisch abzulaufen. So zeigen etwa Roisman und Kollegen/-innen (2004), dass die Etablierung einer zufriedenstellenden Partnerschaft im Erwachsenenalter durch die kompetente Bewältigung von Entwicklungsaufgaben im Bereich

Freundschaften und akademische Leistung vorhergesagt werden kann, nicht jedoch, wie erwartet werden würde, durch romantische Erfahrungen im Jugendalter (vgl. Eschenbeck & Knauf, 2018). Auch Collins und van Dulmen (2006) zeigen, dass gerade die Kompetenzen in Peerbeziehungen und die Qualität von Freundschaftsbeziehungen einen wichtigen Beitrag zur Qualität späterer Partnerschaften zu Beginn des jungen Erwachsenenalters haben, während sich in einer anderen Studie jedoch kein solcher Einfluss der Freundschaftsqualität auf verschiedene Bereiche der Qualität von Liebesbeziehungen mit 20 Jahren nachweisen lässt (Seiffge-Krenke, Shulman & Klessinger, 2001). Andere Befunde wiederum zeigen, dass domänenspezifisch das Sammeln romantischer Erfahrungen im Jugendalter prädiktiv für eine spätere Heirat ist (Raley, Crissey & Muller, 2007). Allerdings scheint eine Überinvolviertheit (viele Datingbeziehungen im Jugendalter) mit mehr negativem Affekt in späteren Partnerschaften (mit 20/21 Jahren) in Verbindung zu stehen, während eine geringere Anzahl an Datingpartnern/-innen eine höhere Beziehungsqualität vorhersagt (Madsen & Collins, 2011). Auch ein positives Körperselbstbild im Jugendalter trägt zu einer höheren Beziehungsqualität im Sinne einer geringeren unsicher-vermeidenden Bindung zum Partner/zur Partnerin im Alter von 25 Jahren bei (Seiffge-Krenke, Persike & Shulman, 2015).

Diese unterschiedlichen Befunde weisen darauf hin, dass Entwicklungsaufgaben aus verschiedenen Bereichen untereinander in Verbindung stehen und Einfluss auf den weiteren Entwicklungsverlauf nehmen, aber dass letztlich auch die »Qualität« der Bewältigung der jeweiligen Aufgabe prädiktiv für die weitere Entwicklung im jungen Erwachsenenalter ist. Längsschnittliche Befunde zeigen im Bereich der Partnerschaftsentwicklung im jungen Erwachsenenalter, dass sich die Bedeutung der Entwicklungsaufgabe »Aufbau einer Partnerschaft«, d. h. die diesbezügliche Entwicklungsnorm, entsprechend ihrer Realisierung anpasste: bei Personen, die mit 21 Jahren keinen Partner/keine Partnerin hatten, bei der Befragung mit 23 Jahren jedoch eine Partnerschaft etabliert hatten, konnte parallel eine Zunahme der Bedeutsamkeit dieser

Entwicklungsaufgabe nachgewiesen werden, d. h. die Entwicklungsnorm wurde entsprechend des erreichten Entwicklungsstands adjustiert und eine höhere Entwicklungsnorm ausgeprägt (Seiffge-Krenke & Gelhaar, 2006). Darüber hinaus zeigte sich, dass für Personen mit einem Partner/einer Partnerin die Bedeutung weiterer Entwicklungsaufgaben, wie die Gründung einer Familie, zunahm, dass es also auch Auswirkungen des erreichten Entwicklungsstandes auf die Entwicklungsnorm in Bezug auf weitere Entwicklungsaufgaben gibt (Seiffge-Krenke & Gelhaar, 2006). Jugendliche sammeln zudem auch innerhalb ihrer romantischen Beziehungen wichtige Erfahrungen und können ihren Lernzuwachs durch ihre Beziehungserfahrungen vor einem Jahr auch in qualitativen Interviews reflektieren (Norona, Roberson & Welsh, 2017).

Gleichwohl die von Havighurst formulierten Entwicklungsaufgaben teils veraltet anmuten, finden sich trotzdem erstaunliche Ähnlichkeiten zu aktuellen, jugendtypischen Aufgaben, die anhand von Daten der Shell Jugendstudie zu vier Aufgabenclustern gruppiert werden konnten (Eschenbeck & Knauf, 2018). Die Aufgaben aus dem Bereich der romantischen und sexuellen Entwicklung gehören dabei dem Cluster *Soziale Bindungen aufbauen* an, neben dem es die Cluster *Qualifizieren* (intellektuelle und soziale Kompetenzen entwickeln) und *Partizipieren* (individuelles Werte- und Normensystem und die Fähigkeit zur politischen Partizipation entwickeln) gibt (Albert, Hurrelmann, Quenzel & TNS Infratest Sozialforschung, 2015). Neu hinzugekommen ist im Vergleich zu Havighursts Aufgaben lediglich der vierte Cluster *Konsumieren und Regenerieren* (Fähigkeiten, mit Konsum-, Medien- und Freizeitangeboten umzugehen entwickeln) (Eschenbeck & Knauf, 2018).

Bereits in den 1980er und 1990er Jahren zeigte die Forschung, dass sich die Rangreihe und Bedeutsamkeit der von Havighurst formulierten Aufgaben stetig verändert und dass beispielsweise bei einem Vergleich der Rangreihen von 1985 und 1997 die Bedeutsamkeit der Entwicklungsaufgabe »Engere Beziehungen zu einem Freund/einer Freundin aufnehmen« für Jungen und Mädchen deutlich zunahm und bei Mädchen 1997 den Spitzenplatz unter den wichtigsten Entwicklungsaufgaben einnahm (1985: Platz 9 von 10), bei Jungen immerhin Platz drei (1985: Platz 7 von 10) (Dreher & Dreher, 1997; Oerter & Dreher, 2008). Im weiteren Entwicklungsverlauf schätzen junge Erwachsene im Alter von 23 Jahren insbesondere die drei Entwicklungsaufgaben *Aufbau einer Partnerschaft, Auszug aus dem Elternhaus* und *Einstieg in die Berufstätigkeit* als überdurchschnittlich wichtige Entwicklungsaufgaben ein, also als Aufgaben mit einer hohen *Entwicklungsnorm* (von hoher relativer Bedeutung) (Seiffge-Krenke & Gelhaar, 2006). Allgemeiner befragt nach ihren Lebenszielen geben aktuell in der Shell Jugendstudie 2015 die dort befragten 12- bis 25-Jährigen den Wunsch nach guten Freunden/guten Freundinnen als wichtigstes Lebensziel an, direkt gefolgt vom Wunsch nach einem Partner/einer Partnerin, dem man vertrauen kann (Albert et al., 2015).

Entwicklungsaufgaben scheinen jedoch auch abhängig von den aktuell herrschenden kulturellen Erwartungen zu sein, etwa im Hinblick auf Verhaltensweisen der Autonomieentwicklung (Titzmann & Silbereisen, 2015). So zeigen diese Befunde etwa, dass jugendliche Aussiedler aus der ehemaligen Sowjetunion den erwarteten Zeitpunkt für hierzulande akzeptierte Schritte der Autonomieentwicklung, etwa sich zum ersten Mal zu verlieben, später datieren, möglicherweise aufgrund des stärkeren Grades an Kontrolle seitens der Eltern. Seit einigen Jahren lässt sich auch eine Verlagerung von Entwicklungsaufgaben in ein höheres Alter verzeichnen, etwa in Bezug auf die berufliche Festlegung, die Unabhängigkeit von den Eltern oder das Gründen einer Familie (Silbereisen & Weichold, 2012), was letztlich sogar zur Diskussion um eine eigene Entwicklungsphase – das »Emerging Adulthood« – führte, die laut Arnett zwischen dem Jugendalter und dem jungen Erwachsenenalter anzusiedeln ist (Arnett, 2000).

Zusammenfassend lässt sich festhalten, dass das Sammeln romantischer und sexueller Erfahrungen wichtige Entwicklungsaufgaben des Jugendalters darstellen, verbunden mit hoher subjektiver Bedeutsamkeit als wichtiges Lebensziel für die Jugendlichen selbst (siehe auch Kindelberger & Tsao, 2014). Diese Aufgaben bleiben jedoch auch nach dem Übergang ins junge Erwachsenenalter weiterhin von hoher Relevanz: einerseits weil sie wichtige und direkte Vorläufer von Entwicklungsaufgaben des jungen Erwachsenenalters sind, andererseits weil ein gewisser Anteil Jugendlicher die Bewältigung dieser Aufgaben ins junge Erwachsenenalter »verschiebt«, wie in den folgenden Kapiteln deutlich werden wird.

3

Sexualität im Jugendalter

3.1 Sexualität als zentrales Thema der Adoleszenz

Die Voraussetzung für die Aufnahme intensiver sexueller Beziehungen ist in der Regel das Erreichen der Geschlechtsreife und damit der Fortpflanzungsfähigkeit. Diese Entwicklungsphase wird als Pubertät bezeichnet und steht bei den meisten Jugendlichen am Beginn des Jugendalters (Silbereisen & Weichold, 2012), meist angesiedelt in der frühen Adoleszenz (ca. 10 bis 13 Jahre) (Konrad & König, 2018). Während der Pubertät kommt es zu erheblichen Veränderungen auf physiologischer, emotionaler und sozialer Ebene. Zwar gibt es bereits im Kindesalter durchaus sexuelle Handlungen (Bundeszentrale für gesundheitliche Aufklärung, Auflage 6.200.11.12), aber erst mit Erreichen der Pubertät ist Sexualität mit Reproduktionsfunktion möglich.

Der Motor für die Aufnahme sexueller Beziehungen im Jugendalter sind zum einen die hormonellen Veränderungen während der Pubertät, aufgrund derer die Jugendlichen nun häufiger sexuelles Verlangen und Verhalten zeigen. Zum anderen werden in diesem Alter sexuelle Handlungen erstmals als bewusst und intentional sexuell betrachtet, sowohl in der Selbstwahrnehmung als auch in der Wahrnehmung anderer (Steinberg, 2017, S. 292). Aufgrund der reiferen äußeren Erscheinung ändert sich auch die Wirkung auf potentielle Geschlechtspartner und -partnerinnen.

Allerdings ist das Jugendalter auch im Hinblick auf die Sexualität eine Lernphase (Fend, 2005, siehe Kapitel 2: Sexualität als Entwicklungsaufgabe): Der Umgang mit der eigenen körperlichen Erscheinung, den eigenen sexuellen Bedürfnissen sowie denen anderer, die Gestaltung sexueller Beziehungen und die damit verbundene Verantwortung für sich und andere sind neu und müssen erst erlernt werden (vgl. Wendt, 2009). Sexualität im Jugendalter ist somit mit vielen neuen Erfahrungen und Gefühlen und damit meist auch mit einigen Unsicherheiten behaftet, die sich oft erst im Erwachsenenalter oder mit größerer sexueller Erfahrung reduzieren.

3.2 Meilensteine sexueller Entwicklung im Jugendalter: empirische Befunde

3.2.1 Körperliche Reife und Pubertät

Die Basis intensiverer sexueller Aktivitäten ist, wie oben angedeutet, das Erreichen der Geschlechtsreife während der Pubertät. In der Pubertät vollziehen sich neben vielen anderen biologischen Teilprozessen drei zentrale Entwicklungsprozesse (Fend, 2005):

1. das Körperwachstum insgesamt,
2. die Entwicklung primärer Geschlechtsmerkmale und die sexuelle Reifung im Sinne der Menarche/Ejakularche sowie
3. die Entwicklung sekundärer Geschlechtsmerkmale wie Brustentwicklung, Stimmveränderung oder Haarwachstum.

»In der Summe bedeuten sie, dass der Mensch in dieser Lebensphase quasi in einen neuen Körper hineinwächst. Ihn ›bewohnen‹ zu lernen wird zu einer zentralen Entwicklungsaufgabe« (Fend, 2005, S. 102). Allerdings zeigen sich teilweise erhebliche interindividuelle Unterschiede im Zeitpunkt und der Dauer des körperlichen Reifungsprozesses (Silbereisen & Weichold, 2012). Die genaue zeitliche Abmessung der Pubertät ist von Genetik und Umwelt beeinflusst und gilt in westlichen Kulturkreisen bei Mädchen zwischen dem 9. und 15. Lebensjahr als normgerecht, bei Jungen zwischen dem 10. und 16. Lebensjahr (Konrad & König, 2018, S. 3). Als Median für das Menarchealter (erste Monatsblutung) bei Mädchen ergibt sich in Deutschland derzeit ein Alter von etwa 12,8 Jahren und für das Mutationsalter (Alter beim Stimmbruch, Stufe 2 = Stimme tief) bei Jungen von 15,1 Jahren (Kahl, Schaffrath Rosario & Schlaud, 2007). Dem Stimmbruch vorausgelagert lassen sich im Durchschnitt mit 13,4 Jahren erste Spermien im morgendlichen Spontanurin (Spermarche – Beginn der Spermienproduktion in den Hoden) bei Jungen nachweisen (Konrad & König, 2018, S. 3). Ähnlich ergibt sich auch laut der aktuellen Studie Jugendsexualität 2015 (Bode & Heßling, 2015) bei Mädchen wie Jungen ein Medianalter von 12 bis 13 Jahren für die Menarche bzw. Ejakularche (erster Samenerguss), d. h. dass bis zu diesem Alter die Hälfte der Jugendlichen die Menarche/Ejakularche erreicht haben. Bei den Mädchen zeigt sich eine stärkere Tendenz hin zum Alter von 12 Jahren, bei den Jungen zum Alter von 13 Jahren: so haben bis zum Alter von einschließlich 12 Jahren 50 % der Mädchen mit Migrationshintergrund und 46 % der deutschen Mädchen die Menarche erlebt, aber nur 43 % der Jungen mit Migrationshintergrund und 34 % der deutschen Jungen die Ejakularche. Und zuletzt bestätigt auch die aktuelle Bravo-Studie 2016 diese Zahlen, laut der bis zu einem Alter von etwa 12 Jahren die Hälfte der Mädchen ihre erste Periode erlebt hat und bis zum Alter von etwa 13,2 Jahren die Hälfte der Jungen ihren ersten Samenerguss (BRAVO-Studie, 2016).

Neben der Ejakularche und Menarche gibt es zahlreiche weitere körperliche Veränderungen während der Pubertät, deren genaue Abfolge hier aus Platzgründen nicht aufgegriffen werden kann (siehe hierfür Weichold & Silbereisen, 2008; Silbereisen & Weichold, 2012; Oerter & Dreher, 2008; Konrad & König, 2018). Wichtig für die folgenden Ausführungen zur sexuellen Entwicklung sind jedoch Informationen über Entwicklungsunterschiede im Entwicklungstempo, v. a. Formen der Akzeleration oder Retardation in der körperlichen Reifung, da diese in klarem Zusammenhang mit dem psychischen Befinden der Betroffenen oder sozialen Reaktionen anderer stehen (z. B. Oerter & Dreher, 2008). Während die Abweichungshypothese (Deviance Hypothesis) davon ausgeht, dass sowohl frühe wie auch späte Reife mit Anpassungsproblemen verbunden sind, geht die Entwicklungsschlusshypothese (Stage Termination Hypothesis) davon aus, dass es vor allem die vorzeitige Reifung ist, die mit Problemverhalten einhergeht (vgl. Silbereisen & Weichold, 2012). Tatsächlich weisen viele empirische Befunde darauf hin, dass vor allem eine Beschleunigung in der körperlichen Entwicklung im Zusammenhang mit mehr emotionalen und Verhaltensproblemen steht (z. B. Negriff & Susman, 2011), stärker ausgeprägt bei Mädchen als bei Jungen (vgl. Steinberg, 2017). Entsprechendes deviantes Verhalten kann auch als verfrühte Aneignung »erwachsener« Verhaltensweisen, beispielsweise in Form von Nikotin-, Alkohol- und Drogenkonsum, interpretiert werden (vgl. Weichold, Silbereisen & Schmitt-Rodermund, 2003).

Zu diesen »erwachseneren« Verhaltensweisen kann auch sexuelle Aktivität gezählt werden: so zeigen empirische Befunde, dass frühreife Jugendliche auch früher sexuell aktiv werden (z. B. Lam, Shi, Ho, Stewart & Fan, 2002), dass auch die individuelle

Wahrnehmung des Reifungsgrades mit dem Alter beim ersten Geschlechtsverkehr zusammenhängt (Moore, Harden & Mendle, 2014) und dass die Jahre der Geschlechtsreife ein ausschlaggebender Faktor dafür sind, wann der erste Geschlechtsverkehr erlebt wird, weniger das absolute Alter der Jugendlichen (Kluge, 1998) (▶ Kap. 3.3.2).

Welche Faktoren sind jedoch für die vorzeitige vs. verzögerte körperliche Reifung verantwortlich? Grundsätzlich reifen Jugendliche heute im Vergleich zum 19. Jh. durchschnittlich wesentlich früher (Säkularer Trend), aber darüber hinaus existieren weiterhin erhebliche interindividuelle Unterschiede im Entwicklungstempo. Für das Timing der Pubertätsentwicklung werden sowohl genetische Faktoren als auch Umwelt-Einflüsse – also sozialisatorische Einflüsse – verantwortlich gemacht, wie ein Überblicksartikel darstellt (Was beeinflusst das Reifungstempo? Körperliche Entwicklung und sozialisatorische Einflüsse, Wendt & Walper, 2013c). Im Folgenden werden die wesentlichen Einflussfaktoren aus diesem Artikel in aller Kürze zusammengefasst und um aktuelle Befunde ergänzt:

Genetische Einflüsse: Studien belegen, dass das Entwicklungstempo zumindest teilweise genetisch bestimmt wird. So haben frühentwickelte Mädchen meist auch frühentwickelte Mütter, eineiige Zwillinge reifen ähnlich schnell. Die Forschung geht davon aus, dass jedes Individuum eine genetisch bedingte Vorbestimmung (Prädisposition) besitzt, zu einem bestimmten Zeitpunkt zu reifen. Inwieweit diese Prädisposition zum Tragen kommt, wird allerdings vor allem von externen Einflüssen aus der Umwelt bestimmt (Gen-Umwelt-Interaktion, vgl. Steinberg, 2017, S. 23ff).

Ernährung und Gesundheit: Die Pubertätsentwicklung vollzieht sich bei Jugendlichen mit Ernährungsdefiziten, chronischen Erkrankungen oder bei intensivem körperlichem Training später, bei gut ernährten Jugendlichen hingegen früher. So erleben laut Daten des Deutschen Kinder- und Jugendgesundheitssurvey (KiGGS) stark untergewichtige Mädchen ihre erste Monatsblutung erst mit 14,9 Jahren – das ist im Durchschnitt 2,8 Jahre später als bei stark übergewichtigen Mädchen (Kahl et al., 2007). Bei Jungen hat das Gewicht keinen derart starken Einfluss auf das Alter beim Stimmbruch (15,7 Jahre bei stark unter- bzw. 15,0 Jahre bei stark übergewichtigen Jungen).

Sozialstatus und Migrationshintergrund: Aktuell reifen Mädchen mit niedrigem Sozialstatus früher als Mädchen mit hohem Sozialstatus (Kahl et al., 2007), wobei auch hier als Ursache die stärker verbreitete Adipositas bei niedrigem Sozialstatus diskutiert wird. Abermals lässt sich dies für Jungen nicht nachweisen.

Auch Jugendliche aus Zuwanderungsfamilien und bestimmten ethnischen Gruppen reifen schneller, dies zeigen nationale Studien bspw. für türkischstämmige und russlanddeutsche Mädchen (Kahl et al., 2007), aber auch international zeigt sich, dass afroamerikanische und hispanische Mädchen früher reifen als weiße Mädchen. Für Jungen ergibt sich in Deutschland in der Studie Jugendsexualität 2015 (Bode & Heßling, 2015) ein Hinweis auf eine frühere körperliche Reifung von Jungen mit Migrationshintergrund im Vergleich zu Jungen ohne Migrationshintergrund. Auch diese Unterschiede in den Bevölkerungsgruppen werden teils auf Unterschiede im Hinblick auf Übergewicht und Ernährungsweise zurückgeführt.

Einflüsse der Familie: Mittlerweile zeigt eine Reihe wissenschaftlicher Untersuchungen, dass ungünstige Erfahrungen in der Familie im Kindesalter großen Einfluss auf das Entwicklungstempo nehmen. Spannungen und Distanz in den familiären Beziehungen sollen bei den betroffenen Kindern und Jugendlichen Stress verursachen, der wiederum die Ausschüttung von Hormonen (v. a. Cortisol) triggert, die die körperliche Reifung beschleunigen. Entscheidend sei dabei vor allem die Rolle der Vaterabwesenheit. Tatsächlich zeigen mehrere Studien, dass Mädchen, die in einem Haushalt ohne biologischen Vater aufwachsen, früher körperlich reifen (siehe Neberich, Penke, Lehnart & Asendorpf, 2010). Auch bei Jungen scheint die Abwesenheit des biologischen Vaters mit einem jüngeren Alter beim Stimmbruch verbunden zu sein (siehe Weichold & Silbereisen, 2008). Die Anwesenheit eines Stiefvaters ist hingegen in manchen Studien mit einer beschleunigten körperlichen Reifung der Mädchen verbunden, wobei die Befundlage hier nicht eindeutig ist. Darüber hinaus nehmen Belsky und Kollegen/-innen in ihrem Modell noch weitere Einflussfaktoren der familialen Lebenswelt auf das Timing der körperlichen Reifung in den Blick, etwa elterliche Konflikte, Instabilität familiärer Beziehungen oder eingeschränkte finanzielle Ressourcen, die wiederum ein ungünstiges Erziehungsverhalten und Spannungen in der Eltern-Kind-Beziehung bedingen und in der Folge u. a. mit einer früheren körperlichen Reifung verbunden sind (z. B. Weichold & Silbereisen, 2008).

Insgesamt zeigen die hier berichteten Ergebnisse verschiedener Untersuchungen, dass die Pubertätsentwicklung als komplexes Zusammenspiel von Genen und Umwelt zu verstehen ist. Zumindest teilweise vermittelt über körperliche Faktoren wie Ernährung, Gesundheit, körperliche Anstrengung und Stress, nehmen auch der Sozialstatus, Migrationshintergrund, Familienzusammensetzung und die Qualität der Familienbeziehungen Einfluss auf das Entwicklungstempo.

3.2.2 Abfolge sexueller Aktivität im Jugendalter

Die Abfolge in der sexuellen Entwicklung ist über die Jahrzehnte hinweg relativ unverändert geblieben: Auf autoerotisches Verhalten folgen meist Zärtlichkeiten mit anderen Personen mit Händchenhalten, Küssen, Zungenküssen, Berührungen am Oberkörper mit und ohne Kleidung, Berührungen am Unterkörper mit und ohne Kleidung, bis schließlich hin zu vaginalem Geschlechtsverkehr und Oralverkehr (Steinberg, 2017; vgl. Vierhaus & Wendt, 2018).

Daten für die Entwicklung hierzulande bietet die repräsentative deutsche Studie »Jugendsexualität 2015« der BZgA (Bode & Heßling, 2015), die im Folgenden kurz vorgestellt sei (vgl. Vierhaus & Wendt, 2018):

> Seit 1980 führt die Bundeszentrale für gesundheitliche Aufklärung (BZgA) regelmäßig ihre repräsentative Studie »Jugendsexualität« durch, ganz überwiegend in der Altersgruppe der 14- bis 17-Jährigen. Bislang gab es 8 Befragungen in den Jahren 1980, 1994, 1996, 1998, 2001, 2005, 2009 und 2014, teils mit zusätzlicher Befragung der Eltern.
>
> Die Studie »Jugendsexualität« umfasst im wesentlichen Fragen zu Aufklärung, körperlicher Entwicklung, sexuellen Aktivitäten und Empfängnisverhütung. Teilweise haben die einzelnen Befragungen ergänzende Foki, etwa den Unterschied zwischen Jugendlichen deutscher Herkunft und Jugendlichen mit Migrationshintergrund (Befragungen 2009 und 2014). Die Ergebnisberichte stehen auf der Homepage der BZgA zum Download zur Verfügung.
>
> Für die aktuellste Studie »Jugendsexualität 2015« (Befragung durchgeführt im Jahr 2014) erfolgte eine Ausweitung der Altersstichprobe bis zum Alter von 25 Jahren – ein wichtiger Schritt, um die altersgradierte Entwicklung umfassend darstellen zu können (Bode & Heßling, 2015; www.forschung.sexualaufklaerung.de).
>
> (vgl. Vierhaus & Wendt, 2018, S. 156)

In Bezug auf die Abfolge sexueller Entwicklung zeigt die Studie Jugendsexualität 2015 der BZgA, dass in der Altersgruppe der 14- bis 17-jährigen Jugendlichen deutscher Herkunft im Durchschnitt etwa 77 % Erfahrung mit Küssen haben, etwa 52 % mit Brustpetting, etwa 41 % mit männlich-aktivem Genitalpetting, 39 % mit weiblich-aktivem Genitalpetting und 31 % mit vaginalem Geschlechtsverkehr (Bode & Heßling, 2015, S. 100/112). Sehr deutlich wird hier die Abfolge in der sexuellen Entwicklung, wobei sexuelle Handlungen mit stärkerer Intensität in der Altersgruppe der 14- bis 17-Jährigen seltener sind als sexuelle Handlungen geringerer Intensität.

Betrachtet man Studien, die Altersmittelwerte für die wichtigsten sexuellen Übergänge berichten (vgl. Vierhaus & Wendt, 2018), so finden sich für Deutschland folgende Werte (Plies, Nickel & Schmidt, 1999): im Alter von durchschnittlich 14,3 Jahren erleben die Jugendlichen das erste Schmusen, den ersten Zungenkuss mit 14,5 Jahren, das erste Petting mit einigem Abstand im Alter von 15,9 Jahren und den ersten Geschlechtsverkehr dann im Durchschnitt mit 16,7 Jahren. Allerdings ist die Angabe von Altersmittelwerten häufig problematisch, da während des Jugendalters viele Jugendliche die entsprechenden Übergänge noch nicht erlebt haben. Die Altersmittelwerte sind dann teilweise zugunsten eines jüngeren Alters verzerrt, da nur die Angaben der sexuell erfahrenen Jugendlichen in die Mittelwertsberechnungen eingehen (vgl. Vierhaus & Wendt, 2018). Werden jedoch auch die sogenannten zensierten Fälle mit noch fehlenden sexuellen Erfahrungen durch entsprechende Analyseverfahren beachtet, lassen sich auch aktuell noch relativ hohe mittlere Alterswerte von 16,1 für die ersten Pettingerfahrungen und 17,1 Jahren beim ersten Geschlechtsverkehr schätzen (Wendt & Walper, 2013b). Die genauen Zahlen für Petting und Geschlechtsverkehr werden in den folgenden Kapiteln noch aufgegriffen. Festzuhalten bleibt an dieser Stelle, dass auch die genannten Mittelwertsschätzungen für eine altersgradierte Abfolge in der sexuellen Entwicklung hinsichtlich der Intensität sexueller Kontakte sprechen (Petting etwa ein Jahr vor dem ersten Geschlechtsverkehr).

In Bezug auf Unterschiede zwischen Jungen und Mädchen findet man bei den meisten genannten sexuellen Erfahrungen im Durchschnitt kaum Unterschiede. Größere Unterschiede finden sich laut der BZgA-Studie lediglich in Bezug auf Masturbationserfahrungen: In der genannten Altersgruppe von 14 bis 17 Jahren haben 70 % der Jungen, aber nur 31 % der Mädchen Erfahrungen mit Selbstbefriedigung gesammelt (Bode & Heßling, 2015, S. 121). Insgesamt lässt sich festhalten, dass sich Jungen und Mädchen in Einstellungen und Verhalten beim Thema Sexualität immer mehr anzugleichen scheinen (Schmidt, 2005).

3.2.3 Petting und erster Geschlechtsverkehr

Im Folgenden seien zwei Formen wichtiger sexueller Entwicklungsschritte genauer betrachtet: Zunächst Pettingerfahrungen und danach der erste Geschlechtsverkehr.

Pettingerfahrungen im Jugendalter:

Als »Petting« (aus dem Englischen von *to pet* »liebkosen«) werden verschiedene Handlungen zur sexuellen Stimulation bezeichnet, ohne Vollzug des Geschlechtsverkehrs. Der Begriff ist zwar weit verbreitet, aber nicht alle Jugendlichen wissen, was genau der Begriff Petting eigentlich meint. So zeigt etwa die BRAVO-Studie 2009, dass immerhin einem Drittel der befragten Jugendlichen dieser Begriff fremd ist (BRAVO-Studie, 2009, S. 67), und auch andere repräsentative Daten belegen solche Schwierigkeiten im Umgang mit diesen Begriff bei rund 23 % der Jugendlichen (Wendt & Walper, 2013b, 10 % der befragten Jugendlichen wissen in dieser Studie nicht, ob sie schon mal Petting erlebt haben, weitere 13 % möchten die Frage nicht beantworten).

Die BZgA wählte in ihrer Befragung daher einen Zugang, in welchem sie die Pettingerfahrungen bei Jugendlichen durch genauere Umschreibung spezifischer sexueller Verhaltensweisen abfragt. So werden drei Formen des Pettings erfragt: Brustpetting (»ein Junge streichelt die Brust eines Mädchens«), männlich-aktives Genitalpetting (»ein Junge berührt die Geschlechtsteile eines Mädchens«) und weiblich-aktives Genitalpetting (»ein Mädchen berührt die Geschlechtsteile eines Jungen«) (Bundeszentrale für gesundheitliche Aufklärung, 2010a). Die Daten aus dem Jahr 2014 belegen, dass der Anteil an Petting-erfahrenen Jugendlichen mit dem Alter erwartungsgemäß steigt (▶ Tab. 1) – ein Befund, der sich auch in den beiden anderen in der Tabelle präsentierten Studien, welche nach Petting fragten, zeigt. Insgesamt fallen jedoch deutliche Unterschiede in den Anteilen Petting-erfahrener Jugendlicher je nach gewählter Studie auf. Die Anteile an Petting-Erfahrenen in der repräsentativen BRAVO-Studie (2009) fallen im Vergleich zu den BZgA-Daten höher aus und sind am ehesten mit den Werten beim Brust-Petting der BZgA-Studie vergleichbar: rund 70 % der Jugendlichen haben in der Altersstufe der 16- und 17-Jährigen Erfahrungen mit Petting (allgemein erfragt in der Bravo-Studie, als Brustpetting erfragt in der BZgA-Studie), rund 60 % mit Genitalpetting (so erfragt in der BZgA-Studie). Deutlich geringer als in der BZgA- und BRAVO-Studie fallen die Werte der pairfam-Studie aus: nur knapp 50 % der Jugendlichen haben dort in der Gruppe der 16- und 17-Jährigen Pettingerfahrung. Insgesamt muss bei der Interpretation solcher Zahlen beachtet werden, dass die Frage nach den Erfahrungen mit »Petting« in jeder Studie anders formuliert wurde und dies, zusammen mit den bereits oben beschriebenen begrifflichen Schwierigkeiten, zu deutlichen Abweichungen im Antwortverhalten geführt haben könnte.

Geschlechtsunterschiede zeigen sich in den hier präsentierten Daten verschiedener Studien für Jugendliche bis 17 Jahre kaum. Lediglich in der BZgA-Studie sind in den älteren Altersstichproben ab 18 Jahren die Frauen etwas erfahrener als die Männer (▶ Tab. 1).

Deutliche Unterschiede zwischen den Geschlechtern findet die Studie Jugendsexualität 2015 (Bode & Heßling, 2015, S. 97ff) für Jugendliche mit Migrationshintergrund (ohne Zahlen in der Tabelle 1): So finden sich durchweg größere Petting-Erfahrungen bei den Jungen/Männern mit Migrationshintergrund im Vergleich zu den Mädchen/Frauen mit Migrationshintergrund. Auch im Vergleich zu den Befragten deutscher Herkunft sind Mädchen/Frauen mit Migrationshintergrund deutlich weniger erfahren. Anders die

Tab. 1: Anteil der Mädchen und Jungen mit Petting-Erfahrung nach Alter in %

Studie »Jugendsexualität 2015« der BZgA, Jugendliche ohne Migrationshintergrund	**Mädchen 14/15 Jahre %**	**Mädchen 16/17 Jahre %**	**Mädchen 18–25 Jahre %**	**Jungen 14/15 Jahre %**	**Jungen 16/17 Jahre %**	**Jungen 18–25 Jahre %**
Brustpetting	31	71	91	34	71	86
Männlich-aktives Genitalpetting	22	63	81	20	58	76
Weiblich-aktives Genitalpetting	20	60	81	18	58	69
BRAVO Dr.-Sommer-Studie 2009	40	73	–	40	68	–
pairfam-Studie 2008/09	31	48	–	28	48	–

(Quelle der Daten: Bundeszentrale für gesundheitliche Aufklärung, Studie Jugendsexualität 2015, Daten der Jugendlichen ohne Migrationshintergrund (Bode & Heßling, 2015); BRAVO-Studie (2009); pairfam-Studie (Wendt & Walper, 2013b, gemittelte Werte für die Altersstufen 16/17))

Jungen/Männer mit Migrationshintergrund: sie sind ähnlich erfahren wie deutsche Jungen/Männer, und in den älteren Altersgruppen ab 18 Jahren sogar »erfahrener« als die befragten deutschen Jugendlichen und jungen Erwachsenen (Bode & Heßling, 2015, S. 97ff).

Zusammenfassend lässt sich also sagen, dass im Verlauf des Jugendalters viele Jugendliche Erfahrungen mit Petting sammeln, bis zum Alter von 17 Jahren sind es je nach Studie gerundet zwischen 50 und 70 % der Jugendlichen, die entsprechende Erfahrungen gesammelt haben. Bislang wurden also vor allem Anteile von sexuell erfahrenen Jugendlichen in einer ausgewählten Altersgruppe berichtet. Eine andere Möglichkeit wäre die Betrachtung von *Altersmittelwerten.* In der pairfam-Studie wurden hierzu Sterbetafeln zur Berechnung des sogenannten *geschätzten Medians* genutzt (vgl. Silbereisen & Wiesner, 1999), um das Alter für Petting-Erfahrungen unter Beachtung dieser zensierten Fälle zu identifizieren (Wendt & Walper, 2013b). Der Vorteil ist dabei, dass Verzerrungen des Mittelwerts aufgrund zensierter Fälle und der altersmäßig eingeschränkten Stichprobe umgangen werden (▶ Kap. 3.2.2) (Vierhaus & Wendt, 2018). Der geschätzte Median für das Alter beim ersten Petting liegt mit 16,1 Jahren (Jungen 16,0; Mädchen 16,2; Geschlechtsunterschied signifikant) nach wie vor relativ hoch (Wendt & Walper, 2013b). Auswertungen von Silbereisen und Wiesner (1999) für das Jahr 1996 zeigen einen geschätzten Median von 16,6 Jahren für erste intensivere sexuelle Aktivitäten. Verglichen mit dem geschätzten Median von 16,1 Jahren in der pairfam-Studie bei der Befragung 2008/09 könnte dies als gewisse Vorverlagerung sexueller Aktivität interpretiert werden. Die Diskussion um die mögliche Vorverlagerung sexueller Aktivitäten wird weiter unten noch genauer aufgegriffen (▶ Kap. 3.2.4). Im Folgenden soll es nun um ein weiteres wichtiges Ereignis in der sexuellen Entwicklung gehen, nämlich um das Alter beim ersten Geschlechtsverkehr.

Erster Geschlechtsverkehr

Das »Erste Mal«, also der erste Geschlechtsverkehr, stellt einen besonderen Einschnitt in der sexuellen Entwicklung dar. In der Studie Jugendsexualität 2015 zeigte sich, dass bis zum Alter von 17 Jahren gut die Hälfte aller Jugendlichen den ersten Geschlechtsverkehr erlebt hat (Bode & Heßling, 2015). Altersgradiert zunehmend haben mit 14 Jahren nur 6 % der Jugendlichen den ersten Geschlechtsverkehr schon erlebt, mit 15 Jahren 19 %, mit 16 Jahren 39 %, mit 17 Jahren 58 %, mit 18 Jahren 69 %, mit 19 Jahren 77 %, mit 20 Jahren 84 % und schließlich mit 25 Jahren 93 % (Bode & Heßling, 2015, S. 107). Auch im jungen Erwachsenenalter haben also keineswegs alle Befragten das »Erste Mal« schon erlebt, wobei v. a. junge Frauen mit Migrationshintergrund den ersten Geschlechtsverkehr bis zur Eheschließung aufschieben (Bode & Heßling, 2015) und hier möglicherweise religiöse und kulturelle Vorgaben eine Rollen spielen.

Im Langzeittrend können mit den Studien zur »Jugendsexualität« darüber hinaus die Daten für alle Befragungen seit 1980 verglichen werden. In Tabelle 2 sind alle Werte zum Anteil der Jugendlichen mit Geschlechtsverkehr-Erfahrung seit 1980 abgebildet. Drei Trends lassen sich hier herausstellen (siehe Vierhaus & Wendt, 2018):

1. Die sexuelle Aktivität nimmt mit dem Alter (hier dargestellt für das Alter 14 bis 17 Jahren) zu, d. h. mit zunehmendem Alter sind auch immer höhere Anteile von Jugendlichen sexuell aktiv. Dabei wird die 50 %-Grenze wie oben bereits erwähnt erst in der Altersgruppe der 17-Jährigen überschritten (Bode & Heßling, 2015).
2. Seit 1980 hat aber der Anteil sexuell aktiver Jugendlicher in allen Altersgruppen beständig zugenommen.
3. In den letzten beiden Befragungen 2009 und 2014 sind jedoch v. a. die Anteile früh sexuell aktiver Jugendlicher, insbesondere in der Altersgruppe der 14-jährigen Jugendlichen, wieder rückläufig. Der bis zur Befragung 2005 nachweisbare Trend zu immer mehr früher sexueller Aktivität im Jugendalter lässt sich aktuell also nicht mehr nachweisen (▶ Kap. 3.2.4).

Betrachtet man, wie bereits oben in Bezug auf Pettingerfahrungen dargestellt, Studien, die Altersmittelwerte betrachten, finden wir einen geschätzten Median von 17,1 Jahren beim ersten Geschlechtsverkehr, im Mittel also genau ein Jahr nach den ersten Pettingerfahrungen (Wendt & Walper, 2013). Parallel wird auch für die USA ein Alter von durchschnittlich 17 Jahren für den ersten Geschlechtsverkehr berichtet (Guttmacher Institute, 2017).

Der Vergleich von Jungen und Mädchen beim ersten Geschlechtsverkehr zeigt, dass bei vielen Befragungszeitpunkten Mädchen zu geringfügig höheren Anteilen sexuell aktiv sind als Jungen (▶ Tab. 2). Ursache für den Vorsprung der Mädchen in einigen Altersgruppen könnte die frühere körperliche Reifung von Mädchen im Vergleich zu Jungen sein (Kahl et al., 2007). Zudem wäh-

Tab. 2: Anteil der Mädchen und Jungen mit Geschlechtsverkehr-Erfahrung nach Alter in %

	Mädchen				Jungen			
	14 Jahre %	15 Jahre %	16 Jahre %	17 Jahre %	14 Jahre %	15 Jahre %	16 Jahre %	17 Jahre %
				BZgA				
1980	**3**	**9**	**28**	**56**	**1**	**4**	**15**	**38**
1994	**7**	**15**	**30**	**65**	**7**	**15**	**30**	**59**
1996	**4**	**18**	**40**	**69**	**3**	**9**	**27**	**65**
1998	**11**	**29**	**45**	**67**	**10**	**13**	**36**	**54**
2001	**11**	**25**	**40**	**66**	**8**	**18**	**37**	**61**
2005	**12**	**23**	**47**	**73**	**10**	**20**	**35**	**66**
2009	**7**	**21**	**50**	**66**	**4**	**17**	**34**	**65**
2014	**6**	**22**	**45**	**65**	**3**	**18**	**35**	**58**

(Quelle der Daten: Studie Jugendsexualität 2015 (Bode & Heßling, 2015); eigene Darstellung (siehe auch Vierhaus & Wendt, 2018, S. 157))

len Mädchen häufiger ältere Partner in romantischen Beziehungen, was auch Einfluss auf die sexuelle Aktivität in diesen Partnerschaften haben dürfte (z. B. Carver, Joyner & Udry, 2003). Insgesamt wird jedoch diskutiert, dass sich Jungen und Mädchen, wie bereits im Kapitel 3.2.2 beschrieben, in ihren Einstellungen und ihrem Verhalten beim Thema Sexualität immer mehr angleichen (Schmidt, 2005), wofür auch die in Tabelle 2 dargestellten Datenreihen sprechen. 2015 unterscheiden sich die Anteile sexuell aktiver Jungen und Mädchen um maximal 10 %-Werte bei den 16-Jährigen. In allen anderen Altersgruppen ergeben sich geringere Abweichungen, und im Durchschnitt unterscheiden sich Mädchen und Jungen ebenfalls nur sehr geringfügig.

Betrachtet man weiterhin die Rahmenbedingungen für die Aufnahme sexueller Beziehungen, so zeigt sich laut der Studie Jugendsexualität 2015, dass die meisten 14- bis 17-jährigen Jugendlichen das erste Mal mit einem festen Partner/einer festen Partnerin erleben (bei 73 % der Mädchen und 61 % der Jungen deutscher Herkunft) und der erste Geschlechtsverkehr damit einhergehend auch häufiger als »etwas Schönes« erlebt wird (Bode & Heßling, 2015, S. 130). Die meisten Jugendlichen haben das erste Mal geplant, nur etwa ein Fünftel der Jugendlichen erlebt das erste Mal völlig überraschend. Letztlich sagen knapp zwei Drittel der Jugendlichen, dass das erste Mal genau zum richtigen Zeitpunkt kam. Auch diese Werte zeigen sich ähnlich für die USA, mit 73 % der Mädchen und 58 % der Jungen, die das erste Mal mit einem festen Partner/einer festen Partnerin erleben (Guttmacher Institute, 2017).

Diese Zahlen spiegeln im Großen und Ganzen Zufriedenheit mit dem ersten Mal wieder, zeigen in der Umkehrung aber auch, dass dieses Ereignis nicht für alle Jugendlichen völlig problemfrei abläuft und teils sogar mit sehr negativen Erfahrungen und Gefühlen verbunden ist. Beispielsweise meinen laut der Studie Jugendsexualität 2015 32 % der Mädchen deutscher Herkunft, dass das erste Mal etwas bzw. viel zu früh kam (bei Jungen nur 13 %), 13 % der Mädchen und 8 % der Jungen hatten ein schlechtes Gewissen dabei, 28 % der Mädchen und 7 % der Jungen empfanden es als »etwas Unangenehmes« (Bode & Heßling, 2015).

3.2.4 Vorverlagerung sexueller Aktivität?

Immer wieder kommt es vor allem in der Öffentlichkeit zu Diskussionen über die starke Sexualisierung der Jugend. Beispiel hierfür waren etwa zu Beginn der 2000er Jahre die Bücher »Deutschlands sexuelle Tragödie« (Siggelkow & Büscher, 2008) oder »Generation Porno« (Gernert, 2010), zusammen mit vielen Medienbeiträgen in Funk und Fernsehen sowie den Printmedien. Tatsächlich sah es bis zur Befragung der BZgA 2005 so aus, dass gerade bei den jüngeren Befragten im Alter von 14 und 15 Jahren eine stetige Zunahme bei den Anteilen sexuell aktiver Jugendlicher zu verzeichnen war (▶ Tab. 2), welche zusammen mit der historisch betrachtet starken Zunahme sexueller Aktivität seit 1980 genau zum Anfang der 2000er Jahre öffentlich diskutierten Trend passte. Aktuell sehen die Befunde jedoch anders aus: in den beiden letzten Befragungen 2009 und 2015 lässt sich eher eine Rückverlagerung nachweisen – immer weniger Jugendliche werden früh sexuell aktiv (▶ Tab. 2). Waren es 2005 noch 12 % der 14-jährigen Mädchen und 10 % der 14-jährigen Jungen, die Erfahrung mit Geschlechtsverkehr hatten, sind es 2015 nur 6 % der 14-jährigen Mädchen und 3 % der 14-jährigen Jungen. Etwa vergleichbare Werte zwischen den Befragungen 2005 und 2015 finden sich in den Altersgruppen 15 und 16, während sich auch bei den 17-Jährigen geringere Anteile sexuell erfahrener Jugendlicher im Jahr 2015 zeigen. So scheint es demnach aktuell quasi zwei Trends zu geben: immer weniger Jugendliche werden früh, d. h. schon bis zum Alter von 14 Jahren, sexuell aktiv, und immer mehr Jugendliche verschieben das »Erste Mal« bis zu einem höheren Alter, also nach den 17. Geburtstag. Aufschlussreich ist hier abermals die jüngste Befragung die BZgA, die 2015 erstmals ihre Stichprobe auf die Altersgruppe bis 25 Jahre ausweitete und so zeigte, dass mit 18 Jahren 69 %, mit 19 Jahren 77 %, mit 20 Jahren 84 % und schließlich mit 25 Jahren 93 % Erfahrung mit Geschlechtsverkehr haben (Bode & Heßling, 2015, S. 107).

Dieser rückläufige Trend in der sexuellen Aktivität lässt sich auch für die USA belegen. So zeigen die repräsentativen Befragungen dort, dass im Jahr 2015 im Durchschnitt 41,2 % der 9- bis 12-Klässler der High School ihren ersten Geschlechtsverkehr bereits erlebt haben und dass diese Zahl deutlich niedriger liegt als noch 1991 mit 54,1 %, und auch etwas niedriger im Vergleich zu 2013 mit 46,8 % (Center for Disease Control and Prevention, 2016b).

Trotz dieses insgesamt zuversichtlich stimmenden Trends, dass vor allem immer weniger Jugendliche früh sexuell aktiv sind, gibt es jedoch nach wie vor Gruppen von Jugendlichen, die sogenanntes sexuelles Risikoverhalten (Definition siehe folgende Seite) zeigen, und dieses wird durch bestimmte Risikofaktoren begünstigt, wie im folgenden Kapitel dargestellt wird.

3.3 Einfluss- und Risikofaktoren sowie Folgen sexueller Aktivität

Sexuelle Aktivität im Jugendalter ist keineswegs automatisch mit Verhaltens- oder Entwicklungsproblemen verbunden (Diamond & Savin-Williams, 2011). Im Gegenteil ist die Aufnahme von Sexualität im Jugendalter an sich ein normaler Entwicklungsschritt, der bei sehr vielen Jugendlichen auch völlig problemfrei abläuft (Tolman & McClelland, 2011) (▸ Kap. 2: Entwicklungsaufgaben). Die meisten Jugendlichen sind mit ihren sexuellen Erfahrungen und Beziehungen sehr zufrieden (Wendt, 2009), trägt doch die Wahrnehmung der eigenen sexuellen Attraktivität auch zum Wohlbefinden bei (Johns, Zimmerman & Bauermeister, 2013). Dennoch lassen sich anhand der vorhandenen Forschung zwei Problemfelder aufzeigen und Belege für sogenannte Risikogruppen identifizieren. Zum einen sind das Untersuchungen, die sich um das Timing der Aufnahme sexueller Aktivität drehen und die in der Mehrzahl zeigen, dass sich bei früh sexuell aktiven Jugendlichen mehr Entwicklungs- und Verhaltensprobleme nachweisen lassen. Zum anderen sind dies Studien, die bestimmte Risikogruppen und -faktoren (etwa ein niedriger Bildungsstand, negative familiäre Erfahrungen, etc.) und deren Zusammenhänge mit sogenanntem *sexuellem Risikoverhalten*, zu welchem im Wesentlichen frühe sexuelle Aktivität, Sexualität mit wechselnden Partnern/-innen, mangelnde Verhütung, Sex unter Alkohol- oder Substanzeinfluss oder riskante sexuelle Praktiken gezählt werden (Steinberg, 2017), aufzeigen.

Im folgenden Abschnitt sollen verschiedene Einflussfaktoren und Risikobereiche genauer unter die Lupe genommen werden.

Vorausgeschickt sei hier, dass es nach wie vor nicht genau klar ist, wie frühe sexuelle Aktivität mit anderen Verhaltensproblemen zusammenhängt, ob etwa bestimmte Verhaltensprobleme, die sich im Zusammenhang mit früher sexueller Aktivität im Jugendalter finden lassen, dieser eindeutig vorausgehen, oder nachfolgen, oder beide von gemeinsamen zugrunde liegenden Faktoren verursacht werden, oder beide zu einer gemeinsamen devianten Verhaltensklasse zu zählen sind (Steinberg, 2011, S. 347). Steinberg (2017) fasst in dieser Hinsicht zusammen, dass die Studienlage einerseits dafür spricht, dass deviante Verhaltensweisen, wie Alkohol- und Drogengebrauch, Aggression oder Bullying, früher sexueller Aktivität vorausgehen (z. B. Parkes et al., 2014), während andererseits Studien aufzeigen, dass früher Sex und andere deviante Verhaltensweisen durchaus durch gemeinsame zugrundeliegende Faktoren, wie hohe Impulsivität oder Risikoneigung, getriggert werden (z. B. Derefinko et al., 2014). Darüber hinaus gibt es Hinweise, dass delinquentes und sexuell riskantes Verhalten teils durch die gleichen Gene beeinflusst werden, sodass riskantes Sexualverhalten insgesamt auch als ein Teilbereich von Risikoverhalten im Jugendalter interpretiert werden kann, zu dem beispielsweise auch Alkohol- und Substanzkonsum, Fahren ohne Sicherheitsgurt, Bullyingverhalten, problematische Ernährungsgewohnheiten u. a. gezählt wird (Center for Disease Control and Prevention, 2017). Generell kann davon ausgegangen werden, dass riskantes Sexualverhalten von den gleichen Faktoren beeinflusst wird, die auch andere Formen riskanten Verhaltens im Jugendalter triggern (z. B. Kirby, 2011; Steinberg, 2017, S. 297), welche etwa in der Problem Behavior Theory nach Richard Jessor zusammengefasst sind (Jessor, 2016; Überblick beispielsweise in Weichold & Blumenthal, 2018).

Auch wechselseitige Zusammenhänge von Problemverhalten bzw. psychischen Problemen und sexueller Aktivität lassen sich nachweisen (Davila et al., 2009): so entwickeln dieser Längsschnittstudie zufolge Mädchen der frühen Adoleszenz (hier im Durchschnitt 13,45 Jahre) mit romantischer Erfahrenheit über die Zeit hinweg mehr depressive Symptome, und andererseits prädizieren depressive Symptome wiederum die Aufnahme romantischer und sexueller Aktivität ein Jahr später, wobei sich insbesondere bei dysphorischen Jugendlichen mit großem Stress in der Eltern-Kind-Beziehung ein starker Einfluss auf die sexuelle Aktivität, v. a. die Aufnahme von Geschlechtsverkehr, zeigt.

In Bezug auf das Problemverhalten lassen sich jedoch auch innerhalb von Partnerschaften Sozialisationseffekte nachweisen, sodass die Notwendigkeit einer positiven Partnerwahl deutlich wird: So zeigte sich in einer Studie mit 8-Klässlern, dass diejenigen, die einen Partner/eine Partnerin mit geringem Problemverhalten hatten, die höchste Instabilität ihres eigenen Problemverhaltens aufwiesen und das Problemverhalten des Partners/der Partnerin den stärksten Einfluss auf den Rückgang des eigenen Problemverhaltens hatte (Aikins, Simon & Prinstein, 2010).

3.3.1 Frühe vs. späte Aufnahme sexueller Aktivität

Von großem Interesse ist in der Forschung die Betrachtung des Einstiegsalters in sexuelle Aktivität. Die Befunde zeigen dabei im Großen und Ganzen, dass eine frühere Aufnahme von sexueller Aktivität mit vermehrten Verhaltensproblemen einhergeht (vgl. Zimmer-Gembeck & Helfand, 2008; Steinberg, 2017; Diamond & Savin-Williams, 2011). Auch hier lassen sich Ausnahmen nachweisen, etwa in Bezug auf das Wohlbefinden der Jugendlichen. So finden sich auch bei früh sexuell aktiven Jugendlichen keine negativen Einflüsse auf das Wohlbefinden, hingegen haben spät sexuell aktive Jugendliche (17 Jahre und älter) ein geringeres Wohlfinden im Vergleich zu Jugendlichen mit einem ersten Geschlechtsverkehr »on-time«, hier 16 Jahre (Vrangalova & Savin-Williams, 2011). Insgesamt kann die Aufnahme sexueller Aktivität, insbesondere dann, wenn sie früh stattfindet, auch als Muster generellen Autonomiestrebens interpretiert werden (Rosenthal, Smith, DeVisser & Grad, 1999; Rosenthal & Smith, 1997): Sexualität gilt als Attribut des Erwachsenseins und spiegelt in der Auffassung der Jugendlichen ihre Reife und Unabhängigkeit wieder.

Zum Einstieg in dieses Thema sei im Folgenden eine Metananalyse vorgestellt, die zeigt, dass es eine ganze Palette von Korrelaten gibt, die mit einem frühen Einstiegsalter in Sexualität zusammenhängen. Sie gibt damit einen guten Einblick, welche Einfluss- und Risikofaktoren mit einem frühen Einstieg in Sexualität zusammenhängen (Vierhaus & Wendt, 2018).

Systematische Auswertung vorhandener Studien: »Ten years of longitudinal research on U.S. adolescent sexual behavior« von Melanie J. Zimmer-Gembeck und Mark Helfand (2008)

Diese systematische Auswertung vorhandener Studien berichtet über die Ergebnisse aus insgesamt 35 US-amerikanischen Längsschnittstudien, publiziert zwischen 1995 und 2004, zu den wesentlichen Korrelaten mit dem Sexualverhalten Jugendlicher. Eine der wesentlichen Erkenntnisse war es, dass sich die Korrelate danach unterscheiden, ob eine frühe Aufnahme von sexueller Aktivität (mit 15 Jahren oder früher), eine Aufnahme in mittlerem Alter (ab 16 Jahren) oder in spätem Alter (ab 19 Jahren) untersucht und vorhergesagt wird.

Die ausgewerteten Studien belegen folgende *zentrale Korrelate mit einer frühen Aufnahme sexueller Aktivität (15 Jahre und früher)*, im Vergleich zu einer mittleren und/oder späten Aufnahme:

- mehr Verhaltensprobleme und -auffälligkeiten, sowohl im früheren Entwicklungsverlauf als auch aktuell, wie etwa Alkoholkonsum, aggressives Verhalten bei Jungen, depressive Symptome bei Mädchen
- mehr Schulprobleme
- schlechteres Verhütungsverhalten
- weniger positive Beziehungserfahrungen mit Peers.

Zentrale Korrelate mit einer frühen bis mittleren Aufnahme sexueller Aktivität (bis 18 Jahre) im Vergleich zu einer späten Aufnahme (ab 18 Jahre) sind u. a.:

- höherer körperlicher Reifungsgrad
- permissivere Einstellungen gegenüber Sexualität
- Aufwachsen in einer anderen Familienform als mit beiden leiblichen Eltern
- geringeres Monitoring durch die Eltern
- mehr Erfahrung mit romantischen Partnerschaften
- mehr Freunde/Freundinnen mit Substanzkonsum.

Alles in allem sprechen diese Befunde dafür, dass Problemverhalten v. a. mit früher sexueller Aktivität mit 15 Jahren oder früher zusammenhängt. Der zweite Block an Korrelaten kann hingegen als Beleg dafür gewertet werden, dass bestimmte Faktoren aus dem Bereich der physischen Reife, des familiären Hintergrundes oder der sozialen Erfahrungen ganz generell darüber entscheiden, ob Jugendliche bis 18 Jahre sexuelle Beziehungen aufnehmen oder nicht.

(Quelle des Kastens: Vierhaus & Wendt, 2018, S. 160f)

Auch Analysen mit bundesdeutschen Daten von Silbereisen und Wiesner (1999) zeigen, dass eine frühere Aufnahme von sexueller Aktivität durch Faktoren verschiedener Bereiche vorhergesagt wird: Zu diesen zählen u. a. ein geringeres elterliches Monitoring, mehr sozial-romantische Freizeitaktivitäten wie Flirten und Ausgehen sowie das Vorhandensein einer romantischen Beziehung. Im Folgenden werden hier einige dieser Faktoren genauer unter die Lupe genommen.

3.3.2 Einfluss- und Risikofaktoren

Frühe vs. späte körperliche Reifung

Wie bereits oben beschrieben (▶ Kap. 3.2.1), ist die grundsätzlichste Voraussetzung für sexuelle Aktivität im Jugendalter der Status der Pubertät und das Erreichen der Geschlechtsreife. So erleben früher reifende Jugendliche auch den ersten Geschlechtsverkehr früher (Baams, Dubas, Overbeek & van Aken, 2015) – belegt stärker noch für Mädchen (Moore et al., 2014) – und die Jahre der Geschlechtsreife entscheiden in stärkerem Maße über die Aufnahme sexueller Aktivität als das biologische Alter (Kluge, 1998). Eine Studie an Geschwisterpaaren, die den Einfluss genetischer Faktoren auf das Alter beim ersten Geschlechtsverkehr aufzuklären versucht, zeigt, dass nicht nur das Menarchealter (Alter bei der ersten Monatsblutung) entscheidenden Einfluss auf das Alter beim ersten Geschlechtsverkehr hat, sondern auch die individuelle Wahrnehmung des Pubertätsstatus von Bedeutung ist (Moore et al., 2014). Dabei ist dieser individuell wahrgenommene Status der Pubertät in Bezug auf weitere Entwicklungsbereiche, wie Datingverhalten oder Sexualität innerhalb und außerhalb von romantischen Beziehungen, sogar stärker ausschlaggebend als das tatsächliche Menarchealter. Eine weitere Studie an weiblichen Zwillingspaaren im Jugendalter zeigt dabei auf, dass die Ähnlichkeit der Zwillinge in Bezug auf das Menarchealter jedoch stärker ausgeprägt ist als in Bezug auf das Alter beim ersten Geschlechtsverkehr, das offenbar stärker durch weitere, individuelle Differenzen geprägt wird und demnach nicht vollständig durch körperliche Einflüsse erklärt werden kann (Rowe, 2002).

Problematisch ist in diesem Zusammenhang auch, dass eine frühe körperliche Reife ihrerseits bereits mit einigen Problemen verbunden sein kann (▶ Kap. 3.2.1). So haben frühentwickelte Jugendliche weniger Zeit zur Identitätsentwicklung oder dem Aufbau von Wissen und Copingstrategien (Steinberg, 2017). Häufig fehlen Vorbilder ihres Alters und ihre »erwachsene« äußere Erscheinung steht im Widerspruch zum inneren Empfinden, was zu negativen Selbsteinschätzungen führen kann (Fend, 2005).

Die Etablierung sexueller Beziehungen sowie der schnellere Entwicklungsverlauf hin zu immer intensiveren sexuellen Verhaltensweisen steht dabei auch in Verbindung mit einem generell hohen Autonomiestreben in der Adoleszenz, welches sich beispielsweise in der Beziehung zu den Eltern oder in Form devianten Verhaltens, etwa dem Konsum von Drogen oder Alkohol, zeigt (Rosenthal & Smith, 1997). Schnellere und nicht lineare Verläufe in der sexuellen Entwicklung zeigen sich auch für Jugendliche mit Migrationshintergrund oder für weniger gebildete Jugendliche, vermutlich bedingt durch geringere Kompetenzen, frühe sexuelle Erfahrungen zu planen und zu steuern (de Graaf, Vanwesenbeeck, Meijer, Woertman & Meeus, 2009).

Soziale Faktoren: Einflüsse der Eltern und Peers

Neben der körperlichen Reife sind auch soziale Faktoren, wie beispielsweise Vorbilder und Normen in der Peergroup ausschlaggebend dafür, in welchem Alter sexuelle Kontakte eingegangen oder welche Sexualpraktiken gewählt werden (Richards, 2010; Sieving, Eisenberg, Pettingell & Skay, 2006; Bingenheimer, Asante & Ahiadeke, 2015; Peçi, 2017; Potard, Courtois & Rusch, 2008). Dabei spielen auf Seiten der Peers laut empirischer Studien mehrere Faktoren eine Rolle: die sexuelle Erfahrenheit der Freunde/Freundinnen sowie deren Alter beim ersten Geschlechtsverkehr, die Einstellungen bzw. Normen der Peergroup in Bezug auf die Akzeptanz von sexuellen Beziehungen im Jugendalter, spezifischen Sexualpraktiken oder bezüglich des Kontrazeptionsverhaltens, die Interaktionen in der Peergroup und die Verfügbarkeit von potenziellen Partnern/Partnerinnen in dieser Gruppe sowie allgemein antisoziale oder delinquente Verhaltensweisen in der Peergroup. So zeigt beispielsweise eine amerikanische Studie, dass Jugendliche eine höhere Zufriedenheit mit einer sexuellen Erfahrung außerhalb einer festen Partnerschaft während der Halloweenfeierlichkeiten (einem für gewöhnlich mit Alkoholkonsum einhergehenden Event) haben, wenn sie sich darüber in ihren Peerbeziehungen austauschen konnten (DeLuca, Claxton, Baker & van Dulmen, 2015). Insgesamt scheint es so, dass jedoch der Einfluss der sozialen Gruppe auf das Sexualverhalten von Mädchen stärker ist als auf das von Jungen (Steinberg, 2017, S. 300): so wird davon ausgegangen, dass bei Jungen die Einflüsse der Androgene (v. a. Testosteron) deren Sexualverhalten stärker direkt steuern, da das soziale Umfeld sexuelles Verhalten von Jungen in der Regel stärker toleriert als bei Mädchen, d. h. Jungen werden unter der Wirkung entsprechender Androgene von ihrem sozialen Umfeld nicht vom Sexualverhalten abgehalten. Anders bei den Mädchen, deren sexuelles Verhalten vom sozialen Umfeld in der Regel wenig bestärkt wird: so werden etwa Mädchen auch bei einem hohen Level von Adrogenen weniger häufig sexuell aktiv, wenn ihr soziales Umfeld sexuelles Verhalten nicht bestärkt.

Neben den Einflüssen der Peers spielt auch die Qualität der Eltern-Kind-Beziehung eine Rolle bei der Aufnahme sexueller Beziehungen: so ist bei Jugendlichen, welche eine autoritative Erziehung genießen, die von Wärme, Unterstützung, aber auch Regeln und Monitoring durch die Eltern geprägt ist, die Wahrscheinlichkeit geringer, frühzeitig sexuell aktiv zu werden oder anderes sexuelles Risikoverhalten, wie ungeschützten Geschlechtsverkehr, zu zeigen (Miller, Benson & Galbraith, 2001; Miller, 2002; de Graaf, van de Schoot, Woertman, Hawk & Meeus, 2012; Pingel et al., 2012). Eine interessante Wechselwirkung zwischen elterlichen Einflüssen und Einflüssen der Peergroup zeigen Kogan und Kollegen/-innen (2011): So können die Forscher/innen im Längsschnitt einen spezifischen Entwicklungspfad in Bezug auf riskantes Sexualverhalten nachweisen (siehe auch Steinberg, 2017, S. 300): wenig optimales Erziehungsverhalten → geringe akademische Bindung → positive Einstellung gegenüber Peers mit Risikoverhalten → Verbindungen mit Peers mit Risikoverhalten → sexuelles Risikoverhalten. Eine weitere Studien kann aufzeigen, dass die Eltern Einflüsse der Peergruppe auf das Sexualverhalten zwar nicht abpuffern, aber dass positive Erziehungsstrategien der Eltern die Jugendlichen darin bestärken, autonome Entscheidungen in Bezug auf ihr Sexualverhalten innerhalb ihrer Peerbeziehungen zu machen (Beyers, Veryser & Verlee, 2015). So weisen beispielsweise Jugendliche, die häufig mit den Eltern über Sexualität kommunizieren, auch angesichts von erhöhtem Peerdruck einen geringere Intention zu sexuellen Kontakten auf (van de Bongardt, 2015).

Auch deutsche Daten geben Aufschluss darüber, dass je besser die Vertrauensbasis zwischen Eltern und Kindern ist, desto höher liegt auch die Wahrscheinlichkeit, dass es sich beim ersten Koituspartner/der ersten Koituspartnerin im Jugendalter um einen festen Partner/eine feste Partnerin handelt, d. h. desto sorgfältiger wird offensichtlich ein Sexualpartner/eine Sexualpartnerin ausgewählt (Bundeszentrale für gesundheitliche Aufklärung, 2006). Umgekehrt belegen aktuelle Zahlen, dass insbesondere dann die Eltern über das Erleben des ersten Geschlechtsverkehrs in Kenntnis gesetzt werden, wenn es sich um eine feste Partnerschaft handelte, wobei die Eltern als Ansprechpartner v. a. bei den Mädchen von Bedeutung sind und hier insbesondere die Mutter (Bode & Heßling, 2015, S. 139).

Die offene Kommunikation im Elternhaus über Sexualität ist ein wichtiger protektiver Faktor, beispielweise bezüglich der Nutzung von Verhütungsmitteln, wobei hier auch klare Instruktionen der Eltern in Bezug auf Verhütungsmittel sowie klare Einstellungen und Regeln der Eltern in Bezug auf Sexualität eine Rolle spielen (Aspy et al., 2007). Insgesamt scheint der Einfluss der Eltern durch die offene Kommunikation in Bezug auf Sexualität stärkere Einflüsse auf die Prävention sexuellen Risikoverhaltens zu haben (z. B. Förderung von Verhütungsverhalten) als auf das Verhindern sexueller Aktivität (Steinberg, 2017, S. 302).

Immerhin berichten laut der Studie Jugendsexualität 2015 3/4 der Mädchen und rund 2/3 der Jungen deutscher Herkunft, dass in ihrem Elternhaus über Sexualität gesprochen wird, und ein ähnlich großer Anteil sagt aus, dass sie bei ihren Eltern offen intime Fragen ansprechen können (Bode & Heßling, 2015). Jugendliche mit niedriger Bildung sowie Jugendliche mit Migrationshintergrund berichten jeweils zu geringeren Anteilen, dass eine offene Kommunikation über Sexualität möglich ist. 63 % der Mädchen und 51 % der Jungen deutscher Herkunft haben eine konkrete Verhütungsberatung im Elternhaus erfahren, aber nur 41 % der Mädchen und 36 % der Jungen mit Migrationshintergrund (Bode & Heßling, 2015). Die elterliche Verhütungsberatung ist wahrscheinlicher, wenn die Jugendlichen bereits sexuell aktiv sind, bei älteren Jugendlichen, Jugendlichen mit hoher Bildung und – wie die obigen Zahlen deutlich machen – bei deutschen Jugendlichen. Die große Mehrzahl der Jugendlichen sind zufrieden mit der Verhütungsberatung durch die Eltern und empfanden das Gespräch als positiv (über 90 %), wobei es auch hier Abweichungen mit negativeren Einschätzungen gab, beispielsweise unter Mädchen mit Migrationshintergrund oder bei Mädchen aus Familien, wo generell weniger offen über Sexualität gesprochen wird, aber dennoch eine Verhütungsberatung stattfand (Bode & Heßling, 2015).

Wenn man allgemeiner die wichtigsten Vertrauenspersonen von Jugendlichen in Bezug auf Sexualität betrachtet, wird wiederum die doppelte Bedeutung des Elternhauses und des Freundeskreises deutlich: der beste Freund/die beste Freundin sind bei Jungen und Mädchen die am stärksten favorisierte Vertrauensperson in Bezug auf sexuelle Fragen, bei Mädchen ganz dicht gefolgt von der Mutter, die auch bei Jungen eine große, aber nicht ganz so große Rolle wie bei den Mädchen spielt (Bode & Heßling, 2015). Jungen und Mädchen sprechen auch über wichtige Ereignisse, etwa den ersten Geschlechtsverkehr, prozentual am häufigsten mit dem besten Freund/der besten Freundin, während bei Mädchen wie oben erwähnt auch häufig die Mutter ins Vertrauen gezogen wird (Bode & Heßling, 2015).

Romantische Beziehungen als Basis sexueller Aktivität

Ein sicherlich nachvollziehbar wichtiger Einflussfaktor für die Aufnahme sexueller Aktivität ist das Vorhandensein einer romantischen Beziehung. Mit zunehmender Dauer und Intensität einer Liebesbeziehung steigt ganz generell auch die Wahrscheinlichkeit, dass es in dieser Beziehung zu intensiveren sexuellen Erfahrungen und schließlich auch zum Geschlechtsverkehr kommt (Vierhaus & Wendt, 2018) (► Kap. 5). Daten der pairfam-Studie belegen, dass das Vorhandensein einer Partnerschaft ein wichtiger Prädiktor für eine frühere Aufnahme sexueller Aktivitäten wie Petting oder Geschlechtsverkehr ist (Wendt & Walper, 2013b). Eine besondere Rolle romantischer Erfahrungen scheint für die frühe Adoleszenz bei Mädchen gegeben zu sein: So lässt sich im Alter von 12 bis 14 Jahren nachweisen, dass Mädchen aus Familien mit hoher Kohäsion einen späteren ersten Geschlechtsverkehr erleben, und dass dieser Zusammenhang gänzlich durch eine spätere Aufnahme von Liebesbeziehungen mediiert wird (de Graaf et al., 2012). Negative Eltern-Kind-Beziehungen scheinen demnach mit einer Suche nach Intimität und Unterstützung in romantischen Beziehungen verbunden zu sein, was wiederum auch frühere sexuelle Erfahrungen wahrscheinlicher macht, nachweisbar jedoch nur bei Mädchen der frühen Adoleszenz, nicht aber bei älteren Mädchen oder bei Jungen (de Graaf et al., 2012). Insgesamt erfolgt aktuell der erste Geschlechtsverkehr bei der Mehrheit der Jugendlichen im Rahmen einer festen Partnerschaft: Laut der BZgA-Studie Jugendsexualität 2015 waren 73 % der Mädchen und 61 % der Jungen deutscher Herkunft im Alter von 14 bis 17 Jahren mit dem ersten Koituspartner/der ersten Koituspartnerin fest befreundet (Bode & Heßling, 2015, S. 130). Erfolgte der erste Geschlechtsverkehr im Rahmen einer festen Partnerschaft, wird er besonders häufig als »etwas Schönes« eingestuft, während er bei einem Geschlechtsverkehr mit einem/r kaum oder gar nicht bekannten Partner/Partnerin am häufigsten als »war etwas Unangenehmes« eingestuft wird (Bode & Heßling, 2015, S. 133) (► Kap. 3.2.3). Umgekehrt zeigen die Zahlen der BZgA-Studie aber auch, dass nicht alle Jugendlichen erste sexuelle Erfahrungen im Rahmen fester Partnerschaften machen, wobei sich v. a. sexuelle Kontakte mit fremden oder kaum bekannten Sexualpartnern/Sexualpartnerinnen als Risikofaktor, beispielsweise für unangenehme oder gar erzwungene sexuelle Kontakte und unsichere Verhütung, erweisen (▶ Kap. 3.4). Darüber hinaus zeigen einige Studien Zusammenhänge von sexueller Aktivität ohne feste Partnerschaften mit einer stärker depressiven Symptomatik oder vermehrtem Problemverhalten (Grello, Welsh, Harper & Dickson, 2003; Mendle, Ferrero, Moore & Harden, 2013), während andere Befunde keinen langfristigen Zusammenhang zwischen Sex außerhalb fester Partnerschaften und Depressivität aufzeigen (Monahan & Lee, 2008).

Bildungsniveau

Ein weiterer, häufig diskutierter Einflussfaktor für die Aufnahme sexueller Aktivität ist der Bildungsstand der Jugendlichen, wobei die Bildungsressourcen auch als Indikator für den sozio-ökonomischen Kontext in der Familie herangezogen werden können (vgl. Wendt & Walper, 2013b). Tatsächlich lässt sich nachweisen, dass bildungsbezogen benachteiligte Jugendliche, d. h. Förder- oder Hauptschüler/innen, in jüngerem Alter sexuelle Beziehungen aufnehmen, das erste Mal häufiger als überraschendes Ereignis und nicht als partnerschaftliche Entscheidung erleben, weniger konsequent verhüten, häufiger unsichere Verhütungsmethoden wählen sowie insgesamt schlechter aufgeklärt sind als Jugendliche auf höheren Schulzweigen (Bode & Heßling, 2015). Auch die Daten des Beziehungs- und Familienpanels pairfam belegen Einflüsse des Schultyps auf die Wahrscheinlichkeit, den ersten Geschlechtsverkehr erlebt zu haben: Hauptschüler/innen haben ein signifikant früheres Übergangsalter, Gymnasiasten ein späteres, während es bezüglich des Alters beim ersten Petting quasi keine Einflüsse des Bildungsniveaus gibt (Wendt & Walper, 2013b). Demnach vollziehen niedriger gebildete Jugendliche insbesondere einschneidende Entwicklungsschritte wie den ersten Geschlechtsverkehr offenbar früher, während die weniger bedeutsamen Vorläufer dieses Ereignisses vom Bildungsstand unbeeinflusst bleiben (vgl. Wendt & Walper, 2013b). Aufgrund des insgesamt schlechteren Verhütungsverhaltens bei Jugendlichen auf niedrigen Bildungszweigen (z. B. Wendt & Walper, 2014) (► Kap. 3.4.2) steigt letztlich auch das Risiko, minderjährig schwanger zu werden. So haben Hauptschülerinnen in Deutschland ein etwa fünfmal höheres Risiko, minderjährig schwanger zu werden, als Gymnasiastinnen und entscheiden sich darüber hinaus überzufällig häufiger dafür, das Kind auszutragen (Bundeszentrale für gesundheitliche Aufklärung, 2009) (► Kap. 3.4.1).

Fasst man schließlich die verschiedenen Einflussfaktoren auf die Aufnahme sexueller Aktivität zusammen, so lässt sich das bio-psycho-soziale Modell von Halpern (2003) heranziehen, das die Aufnahme sexueller Aktivität im Jugendalter als ein Zusammenspiel verschiedener Faktoren operationalisiert. Zu diesen zählen

- *biologische Einflussfaktoren* wie frühe körperliche Reifung und Einflüsse verschiedener Hormone, etwa des Dopamin- und Serotoninspiegels sowie des Testosteronspiegels und anderer Androgene,
- *psychologische Einflussfaktoren* wie die Risikobereitschaft der Jugendlichen, ihr Drang nach Neuem (Novelty-Seeking) oder ihr Wunsch, anderen zu gefallen, sowie
- *soziale Einflussfaktoren* wie elterliche Konflikte und elterliches Monitoring bzw. permessives Erziehungsverhalten, der Kontakt zu älteren Peers und Charakteristika des gewählten Partners/der gewählten Partnerin (Abbildung auch in Wendt, 2009).

Tatsächlich sprechen Befunde dafür, dass Variablen aus unterschiedlichen Domänen, hier Impulsivität, Qualität der Eltern-Kind-Beziehung, Involviertheit in Peerbeziehungen sowie verbrachte Zeit in sozialen Netzwerken im Internet, eine Intensivierung sexueller Aktivität Jugendlicher über einen Zeitraum von 1,5 Jahren vorhersagen (Reitz et al., 2015).

3.4 Verhütungsverhalten und Teenagerschwangerschaften

Das Thema Verhütungsverhalten ist auf mehreren Ebenen ein brisantes Thema, wenn man über Sexualität im Jugendalter spricht. Erstens hat mangelnde Verhütung u. U. weitreichende Konsequenzen, da eine Schwangerschaft entstehen kann oder während des Sexualkontakts Krankheiten bzw. Erreger und Viren, wie etwa HIV oder Chlamydien, übertragen werden können. Zweitens zeigt die Forschung, dass sich auch in diesem Bereich ganz weit verzweigte Ursachen dafür identifizieren lassen, weshalb Jugendliche nicht konsequent verhüten. Insofern ist das Thema Verhütung sozusagen ein Anwendungsbeispiel für die im vorangegangenen Kapitel 3.3 berichteten Einfluss- und Risikofaktoren.

3.4.1 Teenagerschwangerschaften

Vorab werden hier einige Informationen zu den Raten in Bezug auf Teenagerschwangerschaften in Deutschland vorgestellt. Wenn man über dieses Thema spricht, ist zunächst zwischen *Schwangerschaften* und *Geburten* im Teenageralter zu unterscheiden, wobei die letztere Zahl üblicherweise niedriger liegt, da ein gewisser Anteil der eingetretenen Schwangerschaften mit einer Abtreibung oder in einer Fehlgeburt endet. Teenagergeburten lassen sich wesentlich einfacher identifizieren, bieten doch die Geburtenstatistiken der Länder eine altersmäßige Aufschlüsselung der Geburten in Abhängigkeit vom Alter der Mutter. In Deutschland bekommen vergleichsweise wenige Frauen im Teenageralter unter 20 Jahren ein Baby und die Raten sind darüber hinaus in den letzten Jahren weiterhin gesunken. Daten aus dem Jahr 2014 zeigen, dass die Zahl der Neugeborenen mit einer Mutter unter 20 Jahren in Deutschland von 2006 bis 2014 von rund 18.400 auf rund 12.100 gesunken sind, und damit der Anteil von Geburten bei Müttern im Teenageralter in Deutschland von 2,7 % auf 1,7 % zurückging (Statistisches Bundesamt, 2016). Deutschland liegt mit 1,7 % Teenagergeburten unter dem EU-Durchschnitt, wo im Durchschnitt 2,3 % aller Neugeborenen eine Mutter unter 20 Jahren haben, mit den höchsten Raten in osteuropäischen Ländern wie Rumänien (8,6 %), Bulgarien (8,3 %), Ungarn (5,4 %) und der Slowakei (5,2 %) sowie den niedrigsten Raten in Dänemark (0,7 %), den Niederlanden (0,7 %), Schweden (0,8 %) und Slowenien (0,8 %) (Statistisches Bundesamt, 2016). Betrachtet man die genaue Altersverteilung, sieht man, dass in Deutschland die meisten der betroffenen Teenagermütter bei Geburt 18 und 19 Jahre alt waren (rund 74 %), während nur rund 16 % 17 Jahre alt waren, rund 7 % 16 Jahre sowie 3 % 15 Jahre und jünger (Eurostat, 2018). Die Rate von minderjährigen Müttern unter 18 Jahren liegt in Deutschland demnach nochmals deutlich niedriger.

Die bislang zitierten Raten bezogen sich auf die erfolgten Geburten im Teenageralter. Die Rate der eintretenden Schwangerschaften liegt jedoch, wie oben bereits angedeutet, höher, da einige der eingetretenen Schwangerschaften per Schwangerschaftsabbruch beendet werden oder eine Fehlgeburt passiert. Bezogen auf ältere Daten aus dem Jahre 2006 zeigt sich in Deutschland, dass rund 60 % der Schwangeren im Alter von 15 bis 17 Jahren die Schwangerschaft abbrachen (Bundeszentrale für gesundheitliche Aufklärung, 2009). Entsprechend dieser Daten von 2006 lag die Rate der Teeangergeburten in Deutschland damals bei 3,0 %, die der Abbrüche bei 4,3 %, die Gesamtrate der Teenagerschwangerschaften im Alter von 15 bis 17 Jahren demnach bei 7,3 %. Ein ähnlich hoher Anteil an Schwangerschaftsabbrüchen im Falle einer eingetretenen Teenagerschwangerschaft von rund 60 % findet sich auch in Schweden, Dänemark, Frankreich, Schweiz oder Norwegen (Sedgh, Finer, Bankole, Eilers & Singh, 2015). In den USA findet sich ein umgekehrtes Verhältnis von Geburten und Abtreibungen im Teenageralter: so endeten dort 2013 61 % der Schwangerschaften bei 15- bis 19-Jährigen mit der Geburt, 24 % mit einer Abtreibung und 15 % mit einer Fehlgeburt (Guttmacher Institute,

2017). Die Gesamtrate von Teenagerschwangerschaften (unabhängig vom Ausgang der Schwangerschaft) liegt 2013 in den USA unter den 15- bis 19-Jährigen bei 4,3 %, jedoch mit höheren Raten beispielsweise bei nicht-hispanischen schwarzen Jugendlichen von 7,5 % und bei hispanischen Jugendlichen von 6,1 %, im Vergleich zu nicht-hispanischen weißen Jugendlichen mit 3,0 % (Guttmacher Institute, 2017), aber insgesamt seit den 1990er Jahren sinkenden Raten in allen betroffenen Bevölkerungsgruppen (Steinberg, 2017, S. 313). Trotzdem finden sich – bezogen auf die eingetretenen Schwangerschaften im Teenageralter in Industrieländern laut einer vergleichenden Aufstellung von Sedth et al. (2015, leider ohne Deutschland) über die jeweils jüngsten verfügbaren Daten der Jahre 2008–2011 – die höchsten Raten in den USA (5,7 %), neben Neuseeland (5,1 %), England/Whales (4,7 %), Schottland (4,6 %) und Estland (4,3 %), sowie die niedrigsten in der Schweiz (0,8 %), Slowenien (1,4 %), Singapur (1,4 %) und Niederlande (1,4 %).

Im internationalen Vergleich mit den USA oder osteuropäischen Staaten (wie oben berichtet) gibt es in Deutschland also verhältnismäßig wenige Schwangerschaften oder Geburten im Teenageralter. Für das betroffene Mädchen kann eine eingetretene Schwangerschaft jedoch einen dramatischen Lebenseinschnitt darstellen. Wie genauere Analysen zu den Lebensbedingungen minderjährig Schwangerer in Deutschland zeigen, haben Hauptschülerinnen ein etwa fünfmal höheres Risiko, minderjährig schwanger zu werden, als Gymnasiastinnen, und häufig sind Mädchen aus schwierigen sozialen Bedingungen betroffen, d. h. besonders häufig Mädchen, welche arbeitslos oder ohne Ausbildungsplatz sind, arbeitslose Eltern haben und deren Partner häufig eine geringe Schulbildung haben oder arbeitslos bzw. ohne Ausbildungsplatz sind (Bundeszentrale für gesundheitliche Aufklärung, 2009). Weiterhin zeigen diese Daten, dass sich insbesondere Mädchen in solch prekären Lebensbedingungen häufiger für das Austragen der Schwangerschaft entscheiden und damit die soziale Situation gleich doppelt das reproduktive Verhalten beeinflusst: So werden sozial benachteiligte Mädchen häufiger schwanger und entscheiden sich dann auch häufiger dafür, das Kind zu bekommen (Bundeszentrale für gesundheitliche Aufklärung, 2009, S. 9). Auch ein Überblicksartikel über internationale Studien zeigt, dass u. a. ein geringerer sozioökonomischer Status mit einem höheren Risiko einer frühen Schwangerschaft einhergeht, ebenso das Aufwachsen bei einem alleinerziehenden Elternteil, während Nähe und Verbundenheit in der Eltern-Kind-Beziehung oder elterliches Monitoring mit einem geringeren Risiko früher Schwangerschaften einhergehen (Miller, 2002). Darüber hinaus zeigt sich ein Einfluss von Beziehungsfaktoren während des Jugendalters: So haben diejenigen Jugendlichen ein geringeres Risiko, minderjährig schwanger zu werden, deren Alter beim ersten Geschlechtsverkehr höher ist, die insgesamt weniger Sexualpartner haben, die Kontrazeptionsmittel beim ersten sowie beim letzten erfolgten Geschlechtsverkehr nutzten sowie insgesamt konsistent verhütende Jugendliche (Miller, 2002). Die meisten minderjährigen Schwangeren werden laut bundesdeutscher Daten ungewollt schwanger (91 %) (vergleichbar auch die Situation in den USA, Committee on Adolescence, 2014), wobei hiervon nur etwa ein Drittel der dann schwangeren Minderjährigen kein Verhütungsmittel angewendet hatte und etwa zwei Drittel eigentlich sichere Verhütungsmittel genutzt hatten (Pille oder Kondom), es hierbei aber offensichtlich zu Anwendungsfehlern kam (Bundeszentrale für gesundheitliche Aufklärung, 2009). Dieser Umstand leitet direkt über zum Thema Verhütungsverhalten im Jugendalter.

3.4.2 Verhütungsverhalten im Jugendalter

Zu den zentralen Lernzielen im Jugendalter beim Thema Verhütung gehört, dass Jugendliche, wenn sie sexuell aktiv sind, konsequent und gewissenhaft verhüten. Im Optimalfall bedeutet dies, Verhütungsmittel bei jedem Sexualkontakt einzusetzen, Verhütungsmittel zu wählen, die sicher vor einer Schwangerschaft und vor sexuell übertragbaren Krankheiten schützen, sowie Anwendungsfehler soweit möglich auszuschließen. Doch wie gestaltet sich das Verhütungsverhalten heutiger Jugendlicher?

Die mit Abstand am weitesten verbreiteten Verhütungsmittel sind bei Jugendlichen die Pille und das Kondom (Bode & Heßling, 2015). Gemessen am Pearl Index, hat die Pille eine hohe Sicherheit in Bezug auf die Empfängnisverhütung, nur 0,1 bis 0,9 Anwenderinnen von 100 werden pro Jahr unter Nutzung der Pille schwanger (DGGG, 2010). Schlechter sieht der Pearl Index des Kondoms mit 2-12 aus, allerdings gilt die Sicherheit bei korrekter Anwendung des Kondoms auch als relativ hoch und zudem ist das Kondom das einzige Verhütungsmittel, das auch vor sexuell übertragbaren Krankheiten zuverlässig schützen kann. Immer häufiger nutzen daher Jugendliche sogar gleichzeitig beide Verhütungsmittel – als bester Weg, sich vor Schwangerschaft und sexuell übertragbaren Krankheiten zu schützen, v. a. bei neuen sexuellen Kontakten (Bode & Heßling, 2015; Bundeszentrale für gesundheitliche Aufklärung, 2010b).

Das Ziel ist also gewissenhafte und zuverlässige Verhütung, gerade im Jugendalter, wo im Allgemeinen eine Schwangerschaft ein dramatischer Lebenseinschnitt wäre und in den seltensten Fällen erwünscht ist. Wie sieht aber die Realität beim Verhütungsverhalten aus?

Raten verhütender/nicht-verhütender Jugendlicher

Das Gros der sexuell aktiven Jugendlichen in Deutschland nutzt regelmäßig Verhütungsmittel zur Empfängnisverhütung und zum Schutz vor sexuell übertragbaren Krankheiten. Die aktuellen Zahlen schwanken dabei je nach Studie und Fokus der Erhebung. Beispielsweise verhüten viele Jugendliche bei ihrem ersten Geschlechtsverkehr schlechter als bei späteren Sexualkontakten (z. B. BRAVO-Studie, 2009; vgl. Wendt & Walper, 2014; Wendt & Walper, 2015). Im Folgenden werden die Befunde aus verschiedenen, v. a. nationalen Studien zusammengefasst.

Laut der Studie Jugendsexualität 2015 der BZgA verhüten etwa 8 % der Jugendlichen beim ersten Geschlechtsverkehr nicht, beim zweiten Sexualkontakt sind es 4 %, befragt nach ihrem letzten Sexualkontakt ebenso 4 %. Aufgesplittet nach Geschlecht zeigt sich, dass Jungen häufiger als Mädchen angaben, dass beim ersten Geschlechtsverkehr sie selbst und/oder die Sexualpartnerin kein Verhütungsmittel eingesetzt haben: 9 % der Jungen deutscher Herkunft und 13 % der Jungen mit Migrationshintergrund haben beim ersten Mal nicht verhütet. Bei den Mädchen sind es 6 % der Mädchen deutscher Herkunft und 9 % der Mädchen mit Migrationshintergrund (Bode & Heßling, 2015, S. 150). Ähnliche Raten an nicht-verhütenden Jugendlichen finden sich auch bei der BRAVO-Studie 2016: Hier geben 6 % der Mädchen und 14 % der Jungen an, dass keiner der beiden Partner beim ersten Mal verhütet habe (BRAVO-Studie, 2016, S. 56). Im internationalen Vergleich mit den USA finden sich dort schlechtere Verhütungsraten mit 79 % verhütenden Jugendlichen (Alter 15–19 Jahre) beim ersten Geschlechtsverkehr sowie bezogen auf den letzten Geschlechtsverkehr Verhütungsraten von 86 % bei den Mädchen und 93 % bei den Jungen, die auch von den dortigen Autoren/-innen als deutlich schlechter im Vergleich zum Verhütungsverhalten in Europa eingeschätzt werden (Guttmacher Institute, 2017).

Das Verhütungsverhalten beim ersten Mal ist insgesamt, wie oben angedeutet, schlechter als bei späteren Sexualkontakten. Als Grund hierfür geben 57 % der Mädchen und 67 % der Jungen an, dass das Ereignis »zu spontan« kam, und 26 % der Mädchen und 29 % der Jungen dachten sich, es »wird schon nichts passieren« (Bode & Heßling, 2015, S. 163). Das Verhütungsverhalten ist dabei auch mit anderen Rahmenbedingungen des ersten Mals verquickt, wie sich aus den Befunden der Studie Jugendsexualität 2015 ableiten lässt (► Kap. 3.2.3): So wird besonders häufig beim ersten Mal nicht verhütet, wenn der Partner/die Partnerin kaum oder nicht bekannt war, bei Jugendlichen mit niedrigem Bildungsniveau, bei einem ersten Mal in jungem Alter (mit 14 Jahren oder früher; Ausnahme Mädchen mit Migrationshintergrund, die bei frühen Sexualkontakten vergleichsweise gewissenhaft verhüten), bei Jugendlichen aus den neuen Bundesländern sowie bei fehlender

Verhütungsberatung im Elternhaus (Bode & Heßling, 2015). Auf diese Risikofaktoren wird im folgenden Kapitel nochmals Bezug genommen. Zusammenfassend lässt sich auch aus den früheren Befunden der BZgA schlussfolgern, dass in den betroffenen Risikogruppen mit misslingender Verhütung neben Alterseffekten vor allem soziale Einflüsse eine Rolle spielen. Dazu gehören auch laut der Studie Jugendsexualität 2010 eine fehlende feste Partnerschaft mit dem Sexualpartner/der Sexualpartnerin, erster GV mit 14 Jahren oder früher, Bildung auf Hauptschulniveau, städtische Umgebung und Migrationshintergrund (Bundeszentrale für gesundheitliche Aufklärung, 2011).

Insgesamt verbessert sich die Rate verhütender Jugendlicher bei den folgenden Sexualkontakten nach dem ersten Mal. Befragt nach ihrem letzten Geschlechtsverkehr liegt die Rate nicht-verhütender Mädchen deutscher Herkunft bei 4 %, bei den Mädchen mit Migrationshintergrund bei 5 %, bei den Jungen deutscher Herkunft bei 3 %, bei den Jungen mit Migrationshintergrund bei 8 % (Bode & Heßling, 2015, S. 167f.). Auch die pairfam-Studie belegt anhand einer repräsentativen Stichprobe von 16- bis 18-Jährigen, dass rund 95% der sexuell aktiven Jugendlichen Empfängnisverhütung betreiben (Wendt & Walper, 2014). »95 % sichere Verhütung beim letzten Koitus sind ein Wert, der sich kaum noch verbessern lässt und der deutlich macht, dass Jugendliche genauso verantwortungsbewusst verhüten wie erwachsene Frauen«, schlussfolgert Matthiesen, bezugnehmend auf ältere Daten der BZgA (Matthiesen, 2008, S. 5).

Verhütungsmethoden

Allerdings geben diese Zahlen keinen Aufschluss darüber, ob sich die befragten Jugendlichen für »sichere« Verhütungsmethoden (wie etwa Pille und/oder Kondom) oder »unsichere« Methoden (wie Schaum/Diaphragma/Knaus Ogino oder Koitus Interruptus) entscheiden (Matthiesen, 2008; Bundeszentrale für gesundheitliche Aufklärung, 2009; DGGG, 2010). Dabei zeigen die Befunde verschiedener Studien, parallel zu den oben berichteten Befunden, dass sich die Wahl der Verhütungsmethode beim ersten Mal anders gestaltet als bei späteren Sexualkontakten. Beim ersten Mal nutzen in der BRAVO-Studie laut Angaben der Mädchen 89 % der Paare ein Kondom und 44 % die Pille (evtl. auch kombiniert). Laut Angaben der Jungen verhüteten 86 % der Paare mit Kondom und 45 % mit Pille (ebenso evtl. kombiniert) (BRAVO-Studie, 2016). »Sonstige« Verhütungsmittel oder die »Pille danach« spielten mit 0 bis 3 % kaum eine Rolle. Ganz ähnlich auch die Angaben in der Studie Jugendsexualität 2015: Mädchen geben zu 77 % die Nutzung von Kondomen und zu 51 % die Nutzung der Pille an (Mehrfachnennung ebenso möglich), Jungen zu 70 % das Kondom und zu 50 % die Pille (Mehrfachnennung möglich) (Bode & Heßling, 2015, S. 157). Mit 4–6 % sind hier »sonstige« Verhütungsmittel, wobei hier insbesondere die Koitus Interruptus zahlenmäßig ins Gewicht fällt, etwas weiter verbreitet (Bode & Heßling, 2015, S. 158). Jugendliche mit Migrationshintergrund geben v. a. deutlich seltener die Pillennutzung an. Die Kombinationslösung Pille + Kondom nutzen laut der Studie Jugendsexualität je nach Alter zwischen 25 % und 37 % (Bode & Heßling, 2015, S. 158).

Bei den folgenden Geschlechtsverkehren ändert sich die Nutzung der Verhütungsmethoden deutlich, wobei sich das Zahlenverhältnis von Pille zu Kondom quasi umkehrt (Bode & Heßling, 2015, S. 165): Befragt nach dem letzten Geschlechtsverkehr, geben 48 % der Jugendlichen das Kondom und 70 % die Pille an (Mehrfachnennung möglich). Die Zahl der Nutzer »Sonstiger Verhütungsmittel« steigt etwas an, da langfristig auch alternative Verhütungsmethoden wie die Spirale oder andere hormonelle Verhütungsmittel wie Nuvaring/Implantat/3-Monatsspritze genutzt werden, wobei diese Methoden zahlenmäßig weiterhin kaum ins Gewicht fallen. Auffällig ist darüber hinaus, dass viele Jungen mit Migrationshintergrund beim Kondom bleiben, auch alleinig genutzt, während das Gros der Jugendlichen Kondome im Laufe der Zeit bei wiederholten Geschlechtsverkehren nur noch zu 10 % als alleiniges Verhütungsmittel nutzt (Bode & Heßling, 2015, S. 168).

Im internationalen Vergleich mit den USA scheint dort das Kondom auch als langfristige Lösung der Verhütungsfrage eine stärkere Rolle zu spielen: So nutzen dort rund 60 % der sexuell aktiven Paare ein Kondom, aber nur etwa ein Fünftel Paare die Pille (Steinberg, 2017, S. 309). Zudem scheinen langfristig wirksame Verhütungsmittel, wie die Spirale oder Hormonimplantate, eine wichtigere Rolle zu spielen, deren zunehmender Einsatz auch mit der sinkenden Rate an Teenagerschwangerschaften in Verbindung gebracht wird (Steinberg, 2017, S. 309f).

Zusammenfassend lässt sich sagen, dass in Deutschland die mit Abstand wichtigsten Verhütungsmethoden im Jugendalter Pille und Kondom sind, wobei auf längere Sicht bei sexuell erfahrenen Jugendlichen die Bedeutung der Pille zunimmt, während sich die Kondomnutzung verringert.

Gewissenhaftigkeit

Wie gewissenhaft gehen Jugendliche insgesamt mit dem Thema Verhütung um? Immerhin 27 % der Mädchen und 25 % der Jungen geben an, schon einmal Geschlechtsverkehr ohne Verhütung gehabt zu haben (BRAVO-Studie, 2016, S. 58). Bezüglich der subjektiven Einschätzung der Gewissenhaftigkeit zeigt die BZgA, dass ein Anteil von 71 % der Mädchen »immer sehr genau« auf Verhütung achtet, während es bei den Jungen nur 52 % sind (Bode & Heßling, 2015, S. 177; Bundeszentrale für gesundheitliche Aufklärung, 2011, S. 31). In der Umkehrung heißt dies, dass mindestens ein Viertel der Jugendlichen, bei den Jungen sogar fast die Hälfte, zumindest gelegentlich das Risiko einer eintretenden Schwangerschaft oder Ansteckung mit sexuell übertragbaren Krankheiten eingeht. Ähnlich zeigen auch die pairfam-Daten, dass in der subjektiven Einschätzung lediglich 63,4 % der Jugendlichen »sehr konsequent« auf Verhütung achten, während das restliche Drittel der Befragten über eine geringere Gewissenhaftigkeit im Umgang mit Verhütung berichtet (Wendt & Walper, 2014). Ca. 10 % sprechen der letztgenannten Studie zufolge sogar von einem »sehr inkonsequenten« Verhütungsverhalten, weitere 4,8 % der Jugendlichen verhüten trotz sexueller Aktivität gar nicht – entsprechend der oben im Kapitel *Raten verhütender/nicht-verhütender Jugendliche* berichteten Befunde.

60 % der Mädchen und 41 % der Jungen hatten schon einmal Angst vor einer möglicherweise eintretenden Schwangerschaft und 28 % der Mädchen und 14 % der Jungen geben an, dass die »Pille danach« als Notfallverhütung bei fehlgeschlagener oder nicht erfolgter Verhütung zum Einsatz kam (BRAVO-Studie, 2016). Auch dies ist ein Hinweis darauf, dass die Jugendlichen keineswegs immer konsequent und gewissenhaft verhüten.

Prädiktoren des Verhütungsverhaltens

In der Betrachtung der Risikogruppen mit unzuverlässig praktizierter oder fehlender Verhütung finden sich verschiedenste Einflussgrößen. Zum einen spielen häufig *situationale Faktoren* eine Rolle, bspw. spontane, ungeplante Sexualkontakte oder eine fehlende feste Partnerschaft mit dem Sexualpartner/der Sexualpartnerin (Bundeszentrale für gesundheitliche Aufklärung, 2011; Bode & Heßling, 2015). So geben, wie bereits berichtet, 57 % der Mädchen und 67 % der Jungen an, dass sie beim ersten Mal nicht verhütet haben, weil das Ereignis »zu spontan« kam (Bode & Heßling, 2015). Andere situationale Gründe für Nicht-Verhütung sind beispielsweise der Einfluss von Alkohol und Drogen, dass schlichtweg »kein Verhütungsmittel zur Hand« war oder man »aufpassen« wollte (Bode & Heßling, 2015).

Darüber hinaus lassen sich häufig *Alterseffekte* nachweisen, meist mit schlechteren Verhütungsraten für früh sexuell aktive Jugendliche (Bundeszentrale für gesundheitliche Aufklärung, 2010a). Laut der jüngsten Studie Jugendsexualität 2015 verhüten beispielsweise unter den früh sexuell aktiven Jugendlichen (mit 14 Jahren oder früher) 11 % der Mädchen und 17 % der Jungen deutscher Herkunft beim ersten Mal nicht, während unter denjenigen mit dem ersten Mal mit 17 Jahren nur 4 % der Mädchen und 5 % der Jungen nicht verhüten (Bode & Heßling, 2015).

In hohem Maße spielen auch *soziale bzw. sozioökonomische Einflüsse* eine Rolle, wie etwa ein niedriges Bildungsniveau, städtische Umgebung oder Migrationshintergrund, welche allesamt mit einem insgesamt schlechteren Verhütungsverhalten verbunden sind (Bundeszentrale für gesundheitliche Aufklärung, 2011). So nutzen beispielsweise unter den Jugendlichen deutscher Herkunft 11 % der Mädchen und 16 % der Jungen mit Bildung auf Hauptschulniveau beim ersten Mal kein Verhütungsmittel, während dies bei Jugendlichen mit hoher Bildung auf Gymnasialniveau nur bei 3 % der Mädchen und 7 % der Jungen vorkommt (Bode & Heßling, 2015, S. 152). Einflüsse des Migrationshintergrundes sind bei den Zahlen zum Verhütungsverhalten oben größtenteils mit eingearbeitet und zeigen im Großen und Ganzen ein schlechteres Verhütungsverhalten bei Jugendlichen mit Migrationshintergrund sowie eine häufigere Nutzung von Kondomen und seltenere Nutzung der Pille im Vergleich zu deutschen Jugendlichen.

Diese Faktoren spielen teilweise aber auch ineinander. So erweisen sich frühe sexuelle Kontakte in jüngerem Alter sowohl als direkter Risikofaktor für eine weniger zuverlässige Verhütung, aber auch indirekt über eine schlechtere Planung erster sexueller Kontakte, die für die Jugendlichen dann besonders häufig als überraschend empfunden wurden und in deren Folge dann offenbar schlechter verhütet wurde (Bundeszentrale für gesundheitliche Aufklärung, 2010a).

Auch eine Studie an minderjährigen Schwangeren in Deutschland zeigt, dass soziale Benachteiligung ein ausschlaggebender Faktor für fehlende bzw. unsichere Verhütung ist (Matthiesen, 2008). Dabei werden sozial benachteiligte Jugendliche häufiger aufgrund fehlender oder unsicherer Verhütung schwanger, nicht-sozial benachteiligte Jugendliche hingegen häufiger aufgrund von Anwendungsfehlern (Matthiesen, 2008, S. 7). In Bezug auf den Einfluss der Bildung zeigt sich wie oben bereits berichtet (► Kap. 3.4.1), dass Hauptschülerinnen in Deutschland ein etwa fünfmal höheres Risiko haben, minderjährig schwanger zu werden, als Gymnasiastinnen und sich darüber hinaus überzufällig häufiger dafür entscheiden, die Schwangerschaft auszutragen (Bundeszentrale für gesundheitliche Aufklärung, 2009). Auch für Migranten/-innen ergibt sich eine erhöhte Wahrscheinlichkeit, minderjährig schwanger zu werden (Bundeszentrale für gesundheitliche Aufklärung, 2009).

Neben diesen sozialen Faktoren spielen in Bezug auf das Verhütungsverhalten auch *individuelle Faktoren*, etwa die Persönlichkeit, eine Rolle. So zeigt Matthiesen in der Analyse von Interviews mit minderjährig schwangeren Mädchen, dass die Durchsetzungsfähigkeit in Bezug auf den Einsatz von Verhütungsmitteln gegenüber dem Partner einen entscheidenden Faktor darstellt (Matthiesen & Schmidt, 2009). Aber auch eine gewisse Organisationsfähigkeit zur regelmäßigen und rechtzeitigen Beschaffung oder Einnahme von Verhütungsmitteln erwies sich für einige der minderjährig schwanger gewordenen Mädchen als große Hürde (Matthiesen & Schmidt, 2009).

Auf Seiten *familienbezogener Einflussfaktoren* sprechen einige Befunde dafür, dass die Trennung der Eltern sexuelles Risikoverhalten wahrscheinlicher macht (z. B. Kim & Smith, 1999; Miller et al., 2001). Demgegenüber fungieren enge familiäre Bindungen und positive Kommunikation mit den Eltern als wichtige Schutzfaktoren und erhöhen die Wahrscheinlichkeit, dass mit dem Partner/der Partnerin über das Thema Verhütung gesprochen wird (Klein & Sager, 2010). Auch evolutionspsychologische Modelle unterstreichen die Bedeutung familiärer Bindungen für die Entwicklung spezifischer, lang- oder kurzfristiger Reproduktionsstile (Belsky, Steinberg & Draper, 1991; Belsky, 1999), welche sich auch in einem mehr oder weniger sicherheitsorientierten Verhütungsverhalten widerspiegeln können. Unabhängig von der Qualität der Eltern-Kind-Beziehung zeigt sich, dass eine Verhütungsberatung durch die Eltern die Wahrscheinlichkeit, dass beim ersten Mal tatsächlich verhütet wird, erhöht (Bode & Heßling, 2015, S. 154). Auch dies spricht dafür, dass ein Elternhaus mit einer offenen Kommunikation über die Verantwortung beim Thema Sexualität das Verhütungsverhalten verbessert.

Mit Bezug auf die Bindungstheorie (Bowlby, 1969/1973/1980, dt. 2006) konnten aktuelle Studien nachweisen, dass auch die Qualität der Bindung zum Partner/zur Partnerin Einfluss auf das Verhütungsverhalten nimmt. So zeigten Feeney und Kollegen/-innen, dass eine hohe Ängstlichkeit in der Beziehung zum Partner/zur Partnerin mit einem geringeren Safer-Sex-Verhalten (weniger Verhütung mit Kondomen) einherging (Feeney, Kelly, Gallois, Peterson & Terry, 1999). Demgegenüber begünstigt die Fähigkeit zur Selbstöffnung gegenüber dem Partner/der Partnerin auch die Fähigkeit zur Kommunikation über Verhütung. Tatsächlich zeigen Befunde, dass geringe Selbstöffnung und hohe Vermeidung in der Beziehung zum Partner/zur Partnerin mit Schwierigkeiten zusammenhängen, sexuelle Bedürfnisse in einem Gespräch auszudrücken (Davis et al., 2006). Umgekehrt macht die offene Kommunikation über Verhütung im Vorfeld sexueller Kontakte den Einsatz von Verhütungsmitteln wahrscheinlicher (Klein & Sager, 2010).

Die verschiedenen Einflussgrößen auf misslingendes Verhütungsverhalten fasst Steinberg (2017) als *Mangel an Planungsfähigkeit, Mangel an Zugänglichkeit* und *Mangel an Wissen* zusammen (S. 310). So geht Steinberg in Bezug auf die Planungsfähigkeit von Jugendlichen davon aus, dass diese generell bei Jugendlichen noch weniger ausgeprägt sei, aber dass gerade in den USA auch sogenannte Jungfräulichkeitsgelübde einer Planung in Bezug auf Verhütungsmittel entgegenstehen (Rosenbaum, 2009). So haben Jugendliche die besten Chancen auf einen konsequenten Einsatz von Kondomen, wenn sie die feste Intention zum Kondomeinsatz haben sowie die Fähigkeit, mit dem Partner/mit der Partnerin darüber zu kommunizieren (Sheeran, Abraham & Orbell, 1999; Widman, Welsh, McNulty & Little, 2006) (▶ Kap. 7). Entsprechende Aufklärungsprogramme müssen darüber hinaus über die Verfügbarkeit von kostenlosen Verhütungsmitteln aufklären (Zugänglichkeit) sowie deren Nutzung genau erklären (Wissen), um zusammen mit dem Wissen über körperliche Abläufe die Rate an verhütenden Jugendlichen zu erhöhen (Steinberg, 2017).

Zusammenfassend lässt sich sagen, dass das Thema Verhütung und misslingende Verhütung ein komplexes Thema darstellt, mit einer Vielzahl von Einflussfaktoren, die zusammenspielen. All dies ist auch bei der Konzeption entsprechender Präventionsprogramme von Bedeutung (► Kap. 7).

3.5 Pornographiekonsum im Jugendalter

Obwohl bereits zu früheren Zeiten Jugendliche Interesse an sexuellem Bildmaterial hatten, sind die Konsum- und Verbreitungsmöglichkeiten pornographischer Inhalte durch den Internetzugang heutzutage deutlich einfacher. Als Pornographie wird die direkte Darstellung menschlicher Sexualität oder des Sexualakts verstanden, in der Regel mit dem Ziel der sexuellen Erregung des Betrachters/der Betrachterin. Der Konsum und die Abgabe pornographische Darstellungen mit einer direkten und ins Zentrum gerückten Abbildung der Geschlechtsorgane und des Geschlechtsakts ist erst ab 18 Jahren erlaubt. In sogenannten »Softpornos« oder Erotikfilmen werden hingegen die Geschlechtsteile und der Geschlechtsakt nicht direkt oder vergrößert gezeigt, sodass solche Filme auch im Fernsehen ausgestrahlt werden, häufig aber auch hier aufgrund des einzuhaltenden Jugendschutzes erst zu späterer Stunde. Ob Jugendliche den Unterschied dieser beiden Kategorien (auch in Befragungen) immer genau erkennen können, ist unklar.

Verbreitet wird Pornographie über unterschiedliche Kanäle, wie Hefte, Videos/DVDs, Fernsehen inkl. PayTV, Internet sowie über Messengerdienste (z. B. Whatsapp) am Handy. Insbesondere durch letztgenannte Möglichkeiten (Internet, mobiles Internet und Messengerdienste am Handy) wird Pornographie für Jugendliche heutzutage relativ leicht zugänglich und unter den Jugendlichen teilweise auch ungefragt verbreitet. So berichten US-amerikanischen Befunden zufolge 23 % der Jugendlichen, ungewollt mit pornographischem Material in Kontakt zu kommen, entweder indem sie bei der Internetrecherche zufällig darauf stoßen oder weil sie entsprechendes Material zugesandt bekommen (Jones, Mitchell & Finkelhor, 2011).

Doch wie viele Jugendliche haben tatsächlich Erfahrung mit Pornographie-Konsum? In den letzten Jahren gibt es dazu hierzulande aus einer Reihe an Befragungen Aufschluss, die die Verbreitung des Pornographiekonsums aufgreifen und auch Kontexte und Auswirkungen des Konsums erfragen. Eine echte Pornographiewirkungsforschung, welche unmittelbar die Auswirkungen des Konsums in Experimenten testen könnte, schließt sich im Jugendalter aufgrund des Jugendschutzes selbstredend aus.

Die BRAVO-Studie 2016 zeigt, dass etwa die Hälfte aller dort befragten 11 bis 17-Jährigen schon mal soft-pornographische Inhalte gesehen haben, mit altersgradierter Steigerung (BRAVO-Studie, 2016): Sind es bei den 11-Jährigen etwa je 33 % der Mädchen und Jungen, bei den 14-Jährigen dann 75 % der Jungen und 66 % der Mädchen, haben bei den 17-Jährigen dann sogar 95 % der Jungen und 69 % der Mädchen Erfahrung damit. Die Hauptbezugsquelle für solche soft-pornographischen Inhalte sind laut BRAVO-Studie das Internet, gefolgt von Fernsehen und Handy. Der Konsum echter Pornographie, welche erst ab 18 Jahren freigegeben ist, fällt geringer aus, ist aber insbesondere in den höheren Altersgruppen trotzdem deutlich verbreitet (BRAVO-Studie, 2016): im Alter von 11 Jahren 9 % der Jungen und 11 % der Mädchen, im Alter von 14 Jahren 48 % der Jungen und 28 % der Mädchen, im Alter von 17 Jahren 83 % der Jungen und 44 % der Mädchen. Auch hier ist die Hauptbezugsquelle das Internet sowie das mobile Internet. Die Zahlen sind, vermutlich bedingt durch den Internetzugang, auch deutlich höher, als sie beispielsweise von Heiliger bezugnehmend auf eine Studie aus den 1990er Jahren berichtet werden, wo von etwa 1/3 der Jungen und etwa 1/4 der Mädchen im Alter von 12 bis 15 Jahren berichtet wird, die Erfahrungen mit dem Konsum von Pornographie haben (Heiliger, 2008). Befragt nach ihrem Alter beim Erstkonsum, ergeben sich unter den Befragten einer Studie mit insgesamt 160 Teilnehmer/innen im Alter von 16- bis 19 Jahren folgende Werte: Erstkonsum mit 13 Jahren: Jungen 50 % und Mädchen 15 %; mit 14 Jahren: Jungen 68 % und Mädchen 29 %; mit 15 Jahren: Jungen 85 % und Mädchen 41 % sowie mit 16 Jahren: Jungen 89 % und Mädchen 63 % (Matthiesen, 2013).

Wie bei den meisten bislang beschriebenen Zahlen deutlich wird, sind Jungen meist erfahrener im Pornographiekonsum, haben teils auch früher als Mädchen entsprechende Erfahrungen gesammelt und sind darüber hinaus auch häufiger regelmäßige Konsumenten als Mädchen. Während bei den befragten 16- bis 19-jährigen Mädchen 92 % angeben, Pornographie gar nicht oder allenfalls sporadisch zu konsumieren, sind bei den Jungen nur 20 % in dieser Gruppe (Matthiesen, 2013). Andersherum sind bei den Jungen insgesamt 80 % in der Gruppe von geringem bis hohem Konsum zu finden (mit einem Range von weniger als zweimal im Monat bis hin zu zweimal wöchentlich oder mehr), bei den Mädchen insgesamt nur 8 % mit dann allesamt auch nur geringem Konsum. 33 % der Jungen gehören sogar der Gruppe mit hohem Konsum, also zweimal wöchentlich und mehr, an (Matthiesen, 2013). Das spiegelt sich auch im durchschnittlichen Konsumwert für die letzten vier Wochen wieder, der bei den Mädchen bei 0,1 Mal, bei den Jungen aber bei 4,3 Mal liegt (Matthiesen, 2013). Insgesamt kann in Bezug auf den Geschlechtsunterschied geschlussfolgert werden: »In keinem Bereich des Sexualverhaltens ist der Unterschied zwischen den Geschlechtern so drastisch wie bei der Inanspruchnahme pornografischer Stücke« (Schmidt & Matthiesen, 2011, S. 354).

Welche Gefahren liegen im Pornographiekonsum? Insbesondere bei echtem pornographischem Material, welches erst ab 18 Jahren freigegeben ist, steht die einseitige und überdimensionierte Darstellung des Geschlechtsaktes meist in keinerlei Zusammenhang zu den tatsächlichen sexuellen Erfahrungen oder Erfahrungsmöglichkeiten der Jugendlichen. Von feministischer Seite erfolgt häufig die Kritik, dass die meist nur auf die Erregung des Mannes ausgelegte Pornographie sich einer überwiegend herabwürdigenden Darstellung der Frau bedient, wobei teils auch die Grenzen zu sexueller Gewalt gegenüber Frauen verschwimmen (Dworin, 1990). Der Studie vom Matthiesen zufolge erkennen jedoch die meisten Jugendlichen die dargestellten Szenen als unrealistisch (Matthiesen, 2013). Viele Jugendliche konsumieren Pornographie dieser Studie an 16- bis 19-Jährigen zufolge eher zur Belustigung unter Freunden/Freundinnen, weniger als Teil ihrer eigenen Sexualität. Das Setting, in welchem der Film gesehen wird, bestimmt dabei auch, wie ein Film erlebt wird und wie die Motivlage ist. So konsumieren Jungen deutlich häufiger im Solosetting (80 % vs. 35 % bei den Mädchen), und nutzten dann die Pornographie häufig auch zur eigenen Erregung und Befriedigung. Im homosozialen Setting (33 % bei den Mädchen und 56 % bei den Jungen) wird hingegen Pornographie häufiger zur Belustigung oder um etwas »krasses« zu sehen konsumiert. Im heterosozialen Setting (23 % der Mädchen und 10 % der Jungen) erfolgt der Konsum meist auf Initiative einiger Jungen und dient bei diesem Ereignis auch häufig der Belustigung, welche von den Mädchen häufig eher stillschweigend »ertragen« als genossen wird. Im Paarsetting sehen 23 % der Mädchen und 24 % der Jungen Pornographie, berichten aber häufig über Schwierigkeiten, diese in ihre sexuelle Beziehung zu integrieren, meist aufgrund des geschlechtsspezifisch unterschiedlichen Interesses am Konsum, das wie berichtet bei den Jungen meist deutlich höher ausgeprägt ist. Entsprechend sind die meisten der befragten Mädchen als liberal desinteressiert bis ablehnend gegenüber Pornographie einzustufen (insgesamt 75 %), nur 25 % als liberal, neugierig und aufgeschlossen. Viele Mädchen berichten, schlicht und einfach durch die Pornographie, die sie bislang gesehen haben, gar nicht erregt zu werden.

Darüber hinaus kommen manche Jugendliche auch in Kontakt mit grotesken, bizzaren oder »abartigen« Darstellungen. Schmidt und Matthiesen berichten für die in ihrer Studie 80 interviewten

Jungen, wo etwa drei Viertel schon Pornographie mit ungewöhnlichen, paraphilen oder gewalttätiger Sexualität gesehen haben, dass solche Darstellungen v. a. zusammen mit anderen gleichaltrigen Jungen konsumiert oder ausgetauscht werden, oder dass die Jungen zufällig auf solche Seiten im Internet stoßen (Schmidt & Matthiesen, 2011). Der Konsum solcher Darstellungen ist meist nicht mit sexueller oder erotischer Intention verbunden, sondern wird entweder als sozialer Event zur »Unterhaltung« empfunden, teils aber auch als verstörende Erfahrung. Insgesamt haben Jungen mit mittlerer bis großer Erfahrung im Pornographiekonsum eine höhere Wahrscheinlichkeit, solche »krassen« pornografischen Inhalte schon einmal gesehen zu haben, als Jungen mit geringer oder sporadischer Erfahrung (Schmidt & Matthiesen, 2011). Die Interviews mit den Jungen zeigten jedoch, dass sich keine selbstberichteten langfristigen Beeinträchtigungen aufgrund der gesehenen Inhalte ergaben. Die parallel 80 interviewten Mädchen erwähnten zwar auch Erfahrungen mit »bizarrer« Pornographie, allerdings v. a. im hetero- oder homosozialen Kontext (Matthiesen, Martyniuk & Dekker, 2011) und nicht als eigene Erfahrungskategorie in Abgrenzung zu »normaler« Pornographie. Wahrscheinlich haben Mädchen schlicht durch die geringere Affinität zu Pornographie viel weniger Gelegenheiten, auf solche Darstellungen zu stoßen als die regelmäßig Pornographie konsumierenden Jungen und haben damit auch in der Tat dann nur selten Erfahrung. Viele Mädchen positionieren sich darüber hinaus ganz unabhängig von solchen »krassen« Erfahrungen ablehnend gegenüber Pornographie (25 % der befragten Mädchen), entweder als kritische bis feministische Haltung oder aber aus einer mehr emotionalen Begründung heraus (»Das machen nur notgeile Leute«) (Matthiesen et al., 2011, S. 336).

Vor allem die internationale Forschung ergänzt diese Befunde durch Studien, die sich mit den Einflüssen von Pornographie oder sexuellen Darstellungen auf das Sexualverhalten sowie die Einstellungen und Intentionen bezüglich Sexualität bei Jugendlichen befassen (für einen Überblick siehe Owens, Behun, Manning & Reid,

2012). Die Befunde zeigen jedoch kein eindeutiges Bild. So ergibt sich etwa in Bezug auf die Einschätzungen des Realitätsgrades der konsumierten Internetpornographie in einer Studie, dass je häufiger Kontakt zu solchem sexuell eindeutigen Material[1] bestand, desto höher wurde der Realitätsgrad dieser Darstellungen eingeschätzt (Peter & Valkenburg, 2010). Einer anderen, qualitativen Studie zufolge konnten die Jugendlichen jedoch die Darstellungen in pornographischem Material gut von realen sexuellen Interaktionen abgrenzen (Löfgren-Mårtenson & Månsson, 2010). Weitere Befunde zeigen, dass Jugendliche mit häufigem Kontakt zu sexuell eindeutigem Material häufiger an Sex denken, ein größeres Interesse an Sex haben und durch entsprechende Gedanken häufiger abgelenkt werden (Peter & Valkenburg, 2008) sowie permessivere Einstellungen gegenüber Sexualität haben (Brown & L'Engle, 2009). Die letztgenannte Studie zeigt darüber hinaus, dass früher Kontakt zu sexuell eindeutigem Material die Wahrscheinlichkeit für Jungen und Mädchen erhöht, früher oralen und vaginalen Geschlechtsverkehr zu haben (Brown & L'Engle, 2009), also ein Einfluss auf das tatsächliche Verhalten der Jugendlichen bestehe. Für junge Männer zeigt diese Studie darüber hinaus eine höhere Wahrscheinlichkeit, dass sie sich sexuell belästigend verhalten haben, wenn früher Kontakt zu sexuell eindeutigem Material bestand. Unabhängig vom Geschlecht zeigt sich, dass der Konsum von sexuell eindeutigem Material mit der Wahrnehmung von Frauen als Sexobjekt einhergeht (Peter & Valkenburg, 2007). Braun-Courville und Rojas (2009) zeigen, dass der Kontakt zu sexuell eindeutigem Material auch die Wahrscheinlichkeit für riskante sexuelle Praktiken erhöht, wie etwa Analsex, Sex mit mehreren Partnern/-innen sowie Sex unter Drogen- oder Alkoholeinfluss. Diese negativen Einflüsse lassen sich jedoch nicht durchgehend belegen, wie sich etwa an einer großen schweizerischen Stichprobe aufzeigen ließ (Luder et al.,

1 In vielen internationalen Studien wird nicht von Pornographie gesprochen, sondern von sexuell eindeutigem Material, englisch z. B. sexuell explicit internet material SEIM (Peter & Valkenburg, 2010).

2011). Auch Steinberg (2017) fasst zusammen, dass es, neben den Befunden mit negativem Einfluss von Pornographie auf das tatsächliche Sexualverhalten, auch Befunde gäbe, die zeigen, dass Jugendliche, die an Sex interessiert sind, sich zwar häufiger sexuell eindeutigem Material aussetzen, von diesem aber nicht im Verhalten beeinflusst werden (z. B. Steinberg & Monahan, 2011).

Insgesamt führt die Debatte um den Pornographiekonsum von Jugendlichen aber auch zu der Frage, die schon seit langem im Zentrum der Diskussion um Pornographie steht. Nämlich inwiefern pornographische Darstellungen auch Ideen oder Anregungen für die eigene Sexualität und damit quasi einen Beitrag zur Sexualaufklärung liefern können. So zeigt etwa eine Studie, dass der Kontakt zu sexuell eindeutigem Material Jugendlichen als wichtige Wissensquelle dient, gleichzeitig aber das Bild von Sexualität verzerrt (Häggström-Nordin, Sandberg, Hanson & Tydén, 2006). Tatsächlich sehen auch 50 % der in einer deutschen Studie befragten Mädchen im Pornographiekonsum eine aufklärerische Wirkung, dass man in Pornographie eben sehen könnte, »wie das so gemacht wird« oder »was es alles so gibt« (Matthiesen et al., 2011, S. 345). Parallel zu diesem Befund bevorzugen auch die meisten Jungen »normale« Pornographie (in Abgrenzung zum oben dargestellten Konsum »krasser« Pornographie): »Erregende und zur Masturbation taugliche pornografische Streams oder Filme sollen ›normalen‹ Sex von Mann und Frau zeigen, sie sollen ›natürlich‹ und ›echt‹ sein« (Schmidt & Matthiesen, 2011, S. 355).

In den bisherigen Ausführungen wurde das Versenden von eigenen Nacktbildern, das sogenannte Sexting, nicht thematisiert. Nach US-amerikanischen Befunden ist aktives Sexting insgesamt selten, sodass die Hoffnung besteht, dass entsprechende Aufklärung über die Gefahren eines solchen Verhaltens im Internet oder über Messengerdienste (die Bilder könnten beispielsweise weiterverbreitet werden) bereits einige Wirkung erzielen konnte (Steinberg, 2017). Empirische Befunde weisen darauf hin, dass Jugendliche, die Sexting praktizieren, häufiger auch andere Auffälligkeiten aufzeigen, etwa mehr Depressionssymptome, stärkere Impulsivität oder anderes riskantes Verhalten wie Alkohol- und Substanzkonsum (Temple et al., 2014).

Insgesamt lässt sich zusammenfassen: Folgt man der aktuellen, quantitativen und qualitativen Forschung, scheint der Pornographiekonsum bis zu einem gewissen Grad ein normaler Erfahrungsbestandteil heutiger Jugendlicher zu sein, mit geschlechtsspezifischen Unterschieden (einem deutlich höheren Interesse bei Jungen und stärkerer Ablehnung bei Mädchen), in aktuellen Studien hierzulande jedoch mit kaum bis keinen nachweisbaren negativen oder langfristigen Beeinträchtigungen, auch beim sporadischen Kontakt zu »krasser« Pornographie. Anders zeigen internationale Studien aber durchaus Einflüsse auf Einstellungen gegenüber Sexualität und sogar dem tatsächlichen Sexualverhalten, allerdings auch hier teils mit divergierenden Befunden.

4

Romantische Beziehungen im Jugendalter

Einen Partner oder eine Partnerin zu haben, dem/der man vertrauen kann, ist neben dem Wunsch nach guten Freunden/Freundinnen eines der beiden wichtigsten Lebensziele, die in der Shell Jugendstudie von den dort befragten 12- bis 25-Jährigen nach ganz vorne gewählt wurden (Albert et al., 2015). Der Aufbau romantischer Beziehungen gehört auch aus entwicklungspsychologischer Sicht zu den wichtigsten Entwicklungsaufgaben des Jugendalters (Silbereisen & Weichold, 2012) (► Kap. 2). Und tatsächlich berichten 66 % der Mädchen und 63 % der Jungen hierzulande, dass sie bis zum Alter von 17 Jahren schon einmal einen festen Partner/eine feste Partnerin hatten (z. B. BRAVO-Studie, 2016).

Wie eingangs des Buches berichtet, fanden romantische Erfahrungen im Jugendalter lange Zeit kaum Beachtung in der entwicklungspsychologischen Forschung (Brown et al., 1999, ▶ Kap. 1). Die Gründe hierfür lagen u. a. darin, dass die kurzlebigen Beziehungen Jugendlicher nur schwer untersucht werden konnten, gängige Theorien zur Partnerschaftsgestaltung kaum auf das Jugendalter angewendet werden konnten und letztlich die Partnerschaftserfahrungen Jugendlicher von Forscher/innen oder Erwachsenen möglicherweise auch zu wenig ernst genommen wurden (Brown et al., 1999).

Eingebürgert hat es sich spätestens seit der wegweisenden Publikation von Furman, Brown und Feiring (1999), von »romantic relationships« bzw. »romantischen Beziehungen« im Jugendalter zu sprechen. Dieser Begriff, der auch an Begriffe wie »Romanze« oder »Liebesbeziehung« denken lässt, spiegelt die besondere Natur von Beziehungserfahrungen im Jugendalter wieder: Die Gefühlsbetonung liegt im Vordergrund, aber auch die Kurzlebigkeit dieser Beziehungen deutet sich an. Im Gegensatz dazu wird im Erwachsenenalter häufig von festen und verbindlichen »Partnerschaften« oder »Lebenspartnerschaften« gesprochen. Auch in diesem Buch wird häufig der Begriff der romantischen Beziehungen verwendet, aber es kommen auch durchaus andere Begriffe zur Anwendung. Aus dem Kontext wird sich die entsprechende Nutzung meist erklären, teils wird aber auch einfach die Begrifflichkeit übernommen, die in der jeweiligen Studie zur Anwendung kam.

In diesem Kapitel werden viele Facetten der romantischen Entwicklung im Jugendalter angesprochen. Nach der Darstellung zur Verbreitung und Dauer romantischer Beziehungen (▶ Kap. 4.1) werden entsprechende Theorien und Modelle aufgegriffen (▶ Kap. 4.2), Besonderheiten in der Beziehungsgestaltung Jugendlicher dargestellt (▶ Kap. 4.3), Partnerschaften im Jugendalter als Bindungsbeziehung erklärt (▶ Kap. 4.4) und entsprechende Transmissionsprozesse aus der Familie aufgegriffen (▶ Kap. 4.5). In den beiden letzten Subkapiteln geht es dann beispielhaft um Herausforderungen und negative Erlebnisse in jungen Partnerschaften, etwa um

Zusammenhänge zu schulischem Erfolg (▶ Kap. 4.6), um Trennungserfahrungen (▶ Kap. 4.7) oder um die Auswirkungen von Gewalt in Datingkontexten (▶ Kap. 4.8).

4.1 Verbreitung und Dauer romantischer Beziehungen im Jugendalter

Repräsentative Daten, die die Verbreitung romantischer Beziehungen im Jugendalter für Deutschland dokumentieren, lassen sich beispielsweise in der Shell Jugendstudie 2010 finden (Shell Deutschland Holding, 2010): Dort berichten insgesamt 39 % der befragten 12- bis 25-Jährigen (N=2.604), *aktuell* eine feste Partnerschaft zu haben (im Gegensatz zu den oben genannten 63–66 %, die *jemals* einen Partner/eine Partnerin hatten) (Shell Deutschland Holding, 2010, S. 63). Altersgradiert nimmt im Verlauf des Jugendalters die Wahrscheinlichkeit zu, einen feste Partnerschaft zu haben (vgl. Vierhaus & Wendt, 2018): So berichten 10 % der 12- bis 14-Jährigen, 25 % der 15- bis 17-Jährigen sowie 47 % der 18- bis 21-Jährigen, aktuell eine feste Partnerschaft zu haben (Shell Deutschland Holding, 2010, S. 63). Auch mit den Daten des »Beziehungs- und Familienpanels pairfam« lässt sich bei den dort befragten über 4.000 Jugendlichen im Alter von 15 bis 17 Jahren ein altersgradierter Anstieg in der Wahrscheinlichkeit, aktuell eine Partnerschaft zu haben, nachweisen (Wendt & Walper, 2013b): Während bei den 15-Jährigen nur 17,8 % aktuell eine feste Partnerschaft haben, sind es bei den 16-Jährigen schon 26,0 % und bei den 17-Jährigen 32,8 %. US-amerikanischen Daten zufolge haben dort im Alter von 16 Jahren etwa 90 % der Jugendlichen mindestens ein Date gehabt, und mit 18 Jahren wird davon ausgegangen, dass quasi alle Jugendlichen wenigstens ein Date erlebt haben (Steinberg, 2017, S. 280). Und letztlich finden sich im internationalen Vergleich ganz ähnliche Raten im Datingverhalten und der

Häufigkeit romantischer Beziehungen, wenn man die Daten von Studien aus Deutschland, USA, Kanada, Italien und Israel vergleicht (Seiffge-Krenke & Shulman, 2012).

Mädchen befinden sich dabei in allen Altersgruppen zu einem signifikant höheren Anteil in einer aktuell bestehenden Partnerschaft als Jungen (vgl. Vierhaus & Wendt, 2018). Verantwortlich für diesen Geschlechtsunterschied dürfte zum einen die frühere körperliche Reifung der Mädchen sein (z. B. Kahl et al., 2007), zum anderen der häufigere Kontakt von Mädchen zu eher älteren Peers (z. B. Steinberg, 2017), was auch die Aufnahme einer Partnerschaft wahrscheinlicher macht. Tatsächlich haben einer US-amerikanischen repräsentativen Stichprobe zufolge die Mädchen im Durchschnitt je nach Herkunft einen etwa 1,7 bis 2,0 Jahre älteren Partner (Carver et al., 2003).

Auch in Bezug auf die Dauer der Partnerschaften im Jugendalter lässt sich anhand des kontinuierlichen Anwachsens der Beziehungsdauer eine altersgradierte Intensivierung nachweisen (Seiffge-Krenke, 2003): So liegt die durchschnittliche Partnerschaftsdauer laut dieser Studie mit 13 Jahren bei etwa 4 Monaten, mit 15 Jahren bei 5 Monaten, mit 17 Jahren bei 12 Monaten und mit 21 Jahren bei 21 Monaten. Auch hierzu finden sich vergleichbare Werte in den Daten des Beziehungs- und Familienpanels pairfam (Wendt & Walper, 2013b): Dort beträgt bei den 15-Jährigen die durchschnittliche Beziehungsdauer ca. 6 Monate, bei den 16-Jährigen 8 Monate und bei den 17-Jährigen dann 10 Monate.

Internationale Vergleichsdaten aus den USA zeigen für die frühe Adoleszenz (14 bis 15 Jahre), dass nach einem Jahr nur noch knapp 40 % der Partnerschaften weiterbestehen, während ab dem Alter von 17 Jahren nach einem Jahr immerhin noch über 60 % der Partnerschaften Bestand haben (Carver et al., 2003). Trotzdem kann die Auflösung von Partnerschaften für die Mehrzahl der Jugendlichen als fast schon normativer Teil ihrer romantischen Entwicklung gesehen werden (▶ Kap. 4.7).

Die berichteten Durchschnittswerte belegen insgesamt eine altersgradierte Zunahme in der Wahrscheinlichkeit und Dauerhaftigkeit von Partnerschaften im Jugendalter. Jugendliche scheinen demnach durchaus die Fähigkeit mitzubringen, Partnerschaften auch über eine gewisse Dauer aufrecht zu erhalten, sie entwickeln also zunehmend Beziehungen, die von gegenseitigem Commitment geprägt sind (Seiffge-Krenke & Shulman, 2012). Allerdings gibt es große Unterschiede, welche Beziehungsmuster Jugendliche pflegen (vgl. Vierhaus & Wendt, 2018). Eine qualitative Studie von Matthiesen (2013) zeigt drei typische Hauptmuster, welchen die meisten Jugendlichen zugeordnet werden können. Ein Drittel der dort befragten 160 Jugendlichen im Alter von 16 bis 19 Jahren weist eine sogenannte »seriell-monogame Beziehungsbiographie« auf. Diese Jugendlichen hatten mindestens zwei feste Beziehungen im Verlauf des Jugendalters, in welchen sie auch sexuell aktiv waren. Knapp ein Drittel berichtet über eine sogenannte »beziehungsferne Biographie« mit keinen oder nur kurzfristigen Beziehungserfahrungen von unter sechs Monaten, meist auch ohne Koituserfahrung, während knapp ein Fünftel der befragten Jugendlichen eine »Langzeitbeziehungs-Biographie« mit mindestens einer Beziehung von über zwei Jahren Dauer aufweist. Auch auf qualitativer Ebene lassen sich Unterschiede in den Beziehungstypologien nachweisen (Seiffge-Krenke & Shulman, 2012): So zeichnen sich etwa 35 % der Beziehungen Jugendlicher in der späten Adoleszenz durch eine starke romantische Qualität mit großer leidenschaftlicher und physischer Anziehung aus, 16 % der Beziehungen durch eher affiliative Eigenschaften wie Kameradschaft, Treue und Freundschaft, 28 % der Beziehungen durch beide der eben dargestellten Eigenschaftsbereiche sowie immerhin knapp ein Viertel der Beziehungen durch hohe Interdependenz, gleichzeitig aber fühlen sich die Beziehungspartner weder sonderlich positiv noch einander nahe. Diese Beziehungstypen finden sich sogar unabhängig von der Beziehungsdauer und dokumentieren damit, dass sich die Qualitäten von jungen Paarbeziehungen grundsätzlich unterscheiden und teils sogar langfristige Beziehungen ohne hohe emotionale Nähe aufrechterhalten werden (Seiffge-Krenke & Shulman, 2012).

4.2 Theorien und Modelle

4.2.1 Liebesbeziehungen als Teil der Autonomieentwicklung

Während des Jugendalters vollziehen sich viele Veränderungen in den sozialen Beziehungen, insbesondere was die Beziehungen zu Gleichaltrigen und zu den Eltern angeht. Von zentraler Bedeutung ist dabei v. a. die zunehmende Autonomie der Jugendlichen von den Eltern. Unterschiedliche Modelle beschreiben die Funktion und den Ablauf der Autonomieentwicklung im Jugendalter (Walper, Lux & Witte, 2018; Walper, 2008; vgl. Wendt, 2009). In biologischen Modellen wird angenommen, dass die Pubertätsentwicklung im Jugendalter die notwendige Ablösung von den Eltern und Hinwendung zu gegengeschlechtlichen (Sexual-) Partnern/-innen auslöst, um Inzest zu verhindern und letztlich die reproduktive Fitness zu erhöhen. Aus psychoanalytischer Perspektive (z. B. Freud, 1958) ist die biologische Reifung in der Pubertät der Auslöser für die Verschiebung libidinöser Energien, die zur Einhaltung des Inzesttabus von den Eltern als primäre Objekte zunächst auf sich selbst, später auf Gleichaltrige übertragen werden. Anna Freud (1958) bezeichnete diesen Prozess als Ablösung, der von heftigen Konflikten zwischen Eltern und Jugendlichen begleitet und vorangetrieben werde (vgl. Wendt, 2009). Dem steht eine individuationstheoretische Perspektive entgegen, in der Blos (1977) den Veränderungsprozess im Jugendalter als »Zweite Individuation« beschreibt, deren Ziel die persönliche Eigenständigkeit bei gleichzeitiger emotionaler Verbundenheit mit den Eltern ist und starke Spannungen in der Eltern-Kind-Beziehung demnach nicht unbedingt die Regel sind. Diese Perspektive, dass Autonomie und Verbundenheit sich keineswegs ausschließen, wird auch von neueren individuationstheoretischen Konzeptualisierungen, wie beispielsweise von Youniss & Smollar (1985), oder in der »Theorie der Selbstbestimmung« nach Ryan und Deci (2000) geteilt. Dabei ist die Aufgabe der Individuation von den Eltern unmittelbar mit dem Aufbau romantischer Interessen verbunden (Gray & Steinberg, 1999; siehe auch Seiffge-Krenke & Shulman, 2012). Die Bindungstheorie nach John Bowlby (1969/1973/1980, dt. 2006) betont besonders die Notwendigkeit einer sicheren Basis in der Beziehung zu den Eltern für das Gelingen der Autonomieentwicklung im Jugendalter (vgl. Grossmann & Grossmann, 2012). Dabei wird davon ausgegangen, dass bei einer sicheren Bindung an die Eltern bzw. die primären Bezugspersonen die notwendigen Ressourcen für neue Erfahrungen im Jugendalter – also für die Exploration – zur Verfügung stehen. Positive Bindungserfahrungen in der Familie und der Aufbau von verlässlichen Partnerschaften im Jugend- und jungen Erwachsenenalter sind in der bindungstheoretischen Auffassung also eng miteinander verbunden (▶ Kap. 4.4 und 4.5).

Die bislang angeführten Modelle bezogen sich vor allem auf die Voraussetzungen für die Aufnahme von Partnerschaften im Jugendalter. Bedeutsam ist neben diesen Modellen auch die Theorie der Entwicklungsaufgaben, die bereits in Kapitel 2 dargestellt wurde und der zufolge die Aufnahme erster Partnerschaften mit späteren Entwicklungsaufgaben des (jungen) Erwachsenenalters verbunden ist, v. a. mit der Etablierung fester Partnerschaften und der Familiengründung. Zentrale Annahme der Theorie der Entwicklungsaufgaben ist die Auffassung, dass der Vollzug bestimmter Entwicklungsaufgaben in einer spezifischen Altersphase besonders günstig gelingt (▶ Kap. 2). Tatsächlich sind, wie bereits in Bezug auf die sexuelle Entwicklung dargestellt (▶ Kap. 3.3), der empirischen Befundlage nach Jugendliche, die die Entwicklungsaufgabe »Romantische Beziehungen eingehen« entweder zu früh oder zu spät vollziehen, sich also »off time« entwickeln, im Entwicklungsnachteil (siehe Steinberg, 2017, S. 285ff). Im Zusammenhang mit der generellen Autonomieentwicklung im Jugendalter steht aber vor allem eine zu frühe Entwicklung (Rosenthal et al., 1999). Tatsächlich gibt es eine Reihe von Hinweisen (z. B. Orpinas, Horne, Song, Reeves & Hsieh, 2013; Connolly, Nguyen, Pepler, Craig & Jiang, 2013; Zimmer-Gembeck, Siebenbruner & Collins, 2001), die belegen, dass eine frühe Aufnahme romantischer

Beziehungen mit verschiedenen Problemen in Verbindung steht, wobei die Mehrzahl der Studien stärkere Auswirkungen von frühen romantischen Erfahrungen bei Mädchen aufzeigt und dort nachweisen kann, dass Mädchen, die früh eine starke Involviertheit in romantische Beziehungen zeigen (mit etwa 15 Jahren und früher), stärker depressiv, weniger glücklich, häufiger auffällig im Essverhalten, weniger leistungsorientiert und weniger gut in der Schule sind sowie höheren Substanz- und Alkoholkonsum oder anderes riskantes Verhalten aufweisen (siehe auch Connolly & McIsaac, 2009; Furman & Collibee, 2014). Die negativen Folgen sind dabei stärker ausgeprägt bei Mädchen aus belasteten Familien, Mädchen in Beziehungen mit älteren Jungen, frühentwickelten Mädchen, in der gleichgeschlechtlichen Peergruppe unbeliebten Mädchen sowie bei Mädchen, die früh und intensiv romantisch involviert sind, d. h. viele und wechselnde Partnerschaften aufweisen (▶ Kap. 4.5). Insgesamt kann die frühzeitige Aufnahme romantischer Beziehungen, wie auch die Aufnahme früher sexueller Beziehungen, als Teil einer frühen Autonomieentwicklung im Jugendalter aufgefasst werden, die angesichts von vorbestehenden Stressfaktoren (wie beispielsweise Probleme im Elternhaus mit wenig positivem Erziehungsverhalten, Trennung der Eltern oder früher körperlicher Reifung) eine frühere Aufnahme entsprechender Verhaltensweisen triggert (siehe Steinberg, 2017, S. 285). Deutlich wird dies auch anhand von Befunden, die zeigen, dass bei 8-Klässlern die Delinquenzneigung der Jugendlichen mit einer früheren Aufnahme romantischer Beziehungen verbunden ist, und dies insbesondere bei Jugendlichen, die bereits ein Jahr zuvor eine höhere Delinquenzneigung aufwiesen, also eine vorbestehende Belastung mitbrachten (Eklund, Kerr & Stattin, 2010).

4.2.2 Stufen- und Phasenmodelle

Die Forschung zu romantischen Beziehungen im Jugendalter greift häufig auf neuere Stufen- und Phasenmodelle zurück, die davon ausgehen, dass sich die Partnerschaften im Verlauf des Jugendalters zunehmend intensiv und langfristig gestalten, sich jedoch in einer Reihe von Merkmalen von denen Erwachsener unterscheiden (Brown, 1999; Connolly & Goldberg, 1999; Furman & Wehner, 1994; Furman & Wehner, 1997) (für einen Überblick siehe auch von Salisch & Seiffge-Krenke, 2008; Connolly & McIsaac, 2009; Seiffge-Krenke & Shulman, 2012; Vierhaus & Wendt, 2018). Eine gemeinsame Annahme dieser Modelle ist, dass es für die verschiedenen Altersphasen während der Adoleszenz unterschiedliche Motive für die Aufnahme von Partnerschaften gibt und dass Peers und Eltern dabei eine unterschiedliche Rolle spielen. Ein Beispiel für ein solches Modell ist das Modell nach Brown (1999), der vier Phasen definiert, die sich typischerweise in bestimmten Altersabschnitten abspielen würden. Das Modell ist im folgenden Kasten in Stichworten dargestellt sowie in Tabelle 3 anderen Modellen gegenübergestellt.

Das Modell von Brown (1999)

Phase »Initiation« – Anfangsphase; frühe Adoleszenz

Erste Kontakte oder kurze Beziehungen werden aufgenommen, wobei die Einübung sozialer Kompetenzen und der Aufbau einer eigenen Identität im Vordergrund stehen. Die Peers sind Berater/innen und Vorbilder.

Phase »Status« – Statusphase; mittlere Adoleszenz

In den Beziehungen dieser Phase geht es darum, den »richtigen« Partner bzw. die »richtige« Partnerin zu haben, um in der Peergruppe anerkannt zu sein. Das zentrale Motiv für die Aufnahme von Beziehungen ist also der Erwerb von Anerkennung und Status in der Gleichaltrigengruppe.

Phase »Affection« – Affektphase; späte Adoleszenz

Ab dieser Phase spielen die Peers nur noch eine untergeordnete Rolle. Es geht nun um emotionale und sexuelle Befriedigung und somit tiefgreifendere Partnerschaftserfahrungen.

Phase »Bonding« – Bindungsphase; junges Erwachsenenalter
In dieser Phase geht es schließlich um den Aufbau dauerhafter Partnerschaften, möglicherweise sogar als Basis für die spätere Familiengründung.

(Quelle: Vierhaus & Wendt, 2018, S. 152)

Ähnlich nehmen Furman und Wehner in ihrem Modell an (▶ Tab. 3), dass es in den Partnerschaften der frühen und mittleren Adoleszenz primär um den Aufbau von sozialen Kompetenzen, Selbstvertrauen sowie um erste sexuelle Erfahrungen gehe (Furman & Wehner, 1994; Furman & Wehner, 1997). In diesen Beziehungen würden primär die Bedürfnisse nach Kompetenz, Anschluss und Sexualität befriedigt, nicht jedoch nach Bindung und Fürsorge. Erst ab den Partnerschaften der späten Adoleszenz und des frühen Erwachsenenalters würde der Partner/die Partnerin als primäre Bezugsperson mit Bindungs- und Fürsorgefunktionen fungieren, während diese Funktion in den früheren Altersphasen noch die Eltern übernehmen (siehe auch Studie von Freeman & Brown, 2001). In diese Richtung können auch die Ergebnisse der qualitativen Interviews in der aktuellen Shell-Jugendstudie interpretiert werden (Albert et al., 2015): Für die dort befragten Jugendlichen sind Vertrauen, Treue und Sexualität besonders bedeutsame Bereiche ihrer Partnerschaft, während Geborgenheit weiterhin v. a. bei den Eltern gesucht wird.

Als drittes Modell kann das Modell von Connolly und Goldberg (1999) angeführt werden. Dieses beinhaltet im Grunde ganz ähnliche Annahmen wie die beiden anderen Modelle, wird jedoch deutlich seltener rezipiert.

Gemeinsam ist den hier präsentierten Modellen, dass sie 1) die romantische Entwicklung in den Kontext der Individuation von den Eltern und der Hinwendung zu den Peers stellen, dass sie 2) als zentrale Ziele der Entwicklung reife Formen von Sexualität, Autonomie, Anschluss und Intimität sowie der Balancierung eigener Bedürfnisse mit denen des Partners/der Partnerin formulieren

Tab. 3: Entwicklungstheorien zu Partnerschaften im Jugendalter

	Altersstufen, verbunden mit zunehmender Partnerschaftsdauer			
	Frühe Adoleszenz	**Mittlere Adoleszenz**	**Späte Adoleszenz**	**Frühes Erwachsenenalter**
Phasenmodell nach Brown (1999)				
Phase	**Initiation Phase**	**Status Phase**	**Affection Phase**	**Bonding Phase**
Zentrale Motive für die Aufnahme einer Partnerschaft	Konsolidierung des Selbst: Erwerb von sozialen Kompetenzen und Identität	Erwerb von Status in der Peergruppe	Emotionale und sexuelle Befriedigung in einer Partnerschaft	Aufbau langfristiger, befriedigender Partnerschaften; Familiengründung
Rolle der Peers	Zentral: Peers als Berater und Vorbild	Zentral: Anschluss und Status in der Peergruppe durch PartnerIn	Abnehmende Bedeutung	Abnehmende Bedeutung
Modell nach Furman & Simon (1999); Furman & Wehner (1994/1997)				
Zentrale Motive für die Aufnahme einer Partnerschaft	Aufbau von Kompetenzen und Selbstvertrauen	Sexualität Anschluss	Sexualität Anschluss Bindung Fürsorge	Sexualität Anschluss Bindung Fürsorge
Rolle der Peers	Zentrale Bezugspersonen für Bedürfnis nach Anschluss	Zentrale Bezugspersonen für Bedürfnis nach Anschluss	Abnehmende Bedeutung, da PartnerIn Anschlussbedürfnis befriedigt	Abnehmende Bedeutung, da PartnerIn Anschlussbedürfnis befriedigt
Rolle der Eltern	Zentrale Bezugspersonen für Bedürfnis nach Bindung und Fürsorge	Zentrale Bezugspersonen für Bedürfnis nach Bindung und Fürsorge	Abnehmende Bedeutung, da PartnerIn Bindungs- und Fürsorgefunktionen übernimmt	Abnehmende Bedeutung, da PartnerIn Bindungs- und Fürsorgefunktionen übernimmt

Tab. 3: Entwicklungstheorien zu Partnerschaften im Jugendalter – Fortsetzung

	Altersstufen, verbunden mit zunehmender Partnerschaftsdauer			
	Frühe Adoleszenz	**Mittlere Adoleszenz**	**Späte Adoleszenz**	**Frühes Erwachsenenalter**
Modell nach Connolly & Goldberg (1999)				
Phase	*Initial Infatuation (erste Verliebtheit)*	*Affiliative Romantic Relationships*	*Intimate Romantic Relationships*	*Committed Romantic Relationships*
Zentrale Motive für die Aufnahme einer Partnerschaft	Attraktion und Leidenschaft	Anschluss	Intimität und Nähe	längerfristige, stabile Beziehungen

(Quelle: Wendt, 2009, S. 16)

und dass sie 3) die romantischen Erfahrungen im Jugendalter als Modell und Trainingsterrain für spätere reife Beziehungen im (jungen) Erwachsenenalter sehen (Seiffge-Krenke & Shulman, 2012).

Bei solchen Modellen stellt sich immer die Frage, ob die angenommenen Stufen bzw. Phasen für die jeweiligen Altersabschnitte in dieser Form für alle Jugendliche normativ gelten. Dabei zeigt sich, dass neben dem biologischen Alter der Jugendlichen auch die Partnerschaftsdauer maßgeblich mit darüber entscheidet, in welcher Phase der Beziehungsentwicklung sich die Jugendlichen befinden. Typischerweise sind die Partnerschaften der früheren Phasen kürzer als die der späteren Phasen. Zudem ist eine Abfolge verschiedener Phasen auch in einer einzigen Partnerschaft von längerer Dauer denkbar. Tatsächlich zeigen empirische Studien, dass auch im Jugendalter eine Beziehungsdauer von etwa zwei Jahren nötig ist, bis ein Partner/eine Partnerin zur primären Bezugsperson wird (Fraley & Davis, 1997), bis also die Jugendlichen die sogenannte Bondingphase nach Brown (1999) erreichen können. Und wie Studien zur Beziehungsdauer im Jugendalter zeigen, werden solche langfristigen Partnerschaften häufig auch erst während der späten Adoleszenz oder im jungen Erwachsenenalter aufrechterhalten (z. B. Seiffge-Krenke, 2003). Insgesamt erweist sich die Beziehungsdauer auch im Jugendalter als wichtige Einflussgröße auf die Partnerschaftsqualität: So hat die Partnerschaftsdauer den stärksten Einfluss auf die Verbundenheit und den negativen Konflikt in den Partnerschaften Jugendlicher (stärker als andere Einflussvariablen aus der Eltern-Kind-Beziehung) und zudem lässt sich mit einer längeren Partnerschaftsdauer ein Abfall in der unsicheren Bindung gegenüber dem Partner nachweisen/der Partnerin, aber auch ein Absinken der Verbundenheit (Walper & Wendt, 2015).

Darüber hinaus stellt sich auch die Frage nach der Übertragbarkeit der aus dem amerikanischen Forschungsbereich stammenden Theorien auf deutsche Verhältnisse. Diesbezüglich zeigt jedoch eine deutsche Längsschnittstudie von Seiffge-Krenke (2003), dass die von Brown angenommenen Phasen in unterschiedlichen Altersstufen auch hierzulande nachgewiesen werden können, belegbar etwa an einer ansteigenden Partnerschaftsdauer und spezifischen Unterschieden in der Partnerschaftsqualität, wie etwa einer wachsenden gegenseitigen Unterstützung in der Partnerschaft.

Letztlich beschreiben die Stufen- und Phasenmodelle einen Entwicklungsprozess mit typischen Charakteristika und Herausforderungen in jeweiligen Altersstufen. In diesem Sinne sind die angenommen Stufen und Phasen ähnlich wie im Entwicklungsaufgabenkonzept (► Kap. 2) als sich stellende Anforderungen in einer jeweiligen Altersstufe zu lesen, die von vielen Jugendlichen in dieser Phase bewältigt werden, aber nicht von allen und auch nicht automatisch in der vorgegebenen Weise. Zahlreiche Einflussfaktoren auf individueller, familiärer, sozialer und gesellschaftlich-kultureller Ebene bestimmen ebenfalls darüber, ob und wie Jugendliche romantische Erfahrungen im Jugendalter machen. Insgesamt formulieren einschlägige Jugendforscher/innen, seien die formulierten Stufensequenzen weder fixiert, vorprogrammiert, noch unwiederholbar (Seiffge-Krenke & Shulman, 2012).

Innerhalb der Modelle kommt den Peers eine wichtige Bahnungs- und Lenkungsfunktion bei der Aufnahme romantischer Beziehungen zu. Bezüglich des Einflusses der Gleichaltrigengruppe betonte schon Dunphy (1963) in einer wegweisenden Studie den Einfluss der Peers, besonders der statushohen Mitglieder der Peergruppe auf die Entwicklung von Liebesbeziehungen. Diese würden eine Vorreiterrolle bei der Aufnahme von Liebesbeziehungen spielen und die Entwicklung von geschlechtsheterogenen Gruppen forcieren, was zur weiteren Etablierung von Liebesbeziehungen in der Peergruppe führen würde. Auch neuere Daten weisen darauf hin, dass eine größere Anzahl an gegengeschlechtlichen Peers in der Gleichaltrigengruppe die Wahrscheinlichkeit erhöht, eine Liebesbeziehung zu haben (Connolly, Furman & Konarski, 2000). Ebenso belegt eine deutsche Studie, dass sogenannte »sozial-romantische Freizeitaktivitäten« wie tanzen gehen, flirten, telefonieren oder auf Partys gehen, die eine Möglichkeit zur Kontaktaufnahme zum anderen Geschlecht bieten, eine frühere Aufnahme von Liebesbeziehungen vorhersagen (Silbereisen & Wiesner, 1999). Solche gemischtgeschlechtlichen Aktivitäten in der Gruppe gehen bei den meisten Jugendlichen echten »Datingaktivitäten« voraus, etwa in Form von gemeinsamem Ausgehen in der Gruppe, gemeinsamen Sportaktivitäten oder nur als gemeinsames »Abhängen« (Connolly, Craig, Goldberg & Pepler, 2004; Connolly & McIsaac, 2009). Fokussiert man die Qualität von Liebesbeziehungen im Jugendalter, so scheint diese weniger mit der Anzahl von Peerkontakten, sondern stark mit der Beziehungsqualität in engen Freundschaften zusammenzuhängen, wobei die Freundschaftsbeziehungen als »Übungsfeld« für die Gestaltung von engen Beziehungen aufgefasst werden können (Connolly, Furman & Konarski, 2000) (ausführlicher ▸ Kap. 4.5.2).

Im Einklang mit den oben dargestellten Stufen- und Phasenmodellen kristallisieren sich im Wesentlichen zwei relevante Bereiche in der Partnerschaftsgestaltung im Jugendalter heraus, die im Folgenden genauer betrachtet werden sollen: Zum Einen die zunehmende Dauer und Intensivierung von Beziehungen bis ins

Erwachsenenalter hinein, zum anderen die besonderen Charakteristika in der Beziehungsgestaltung Jugendlicher im Hinblick auf Nähe, Konfliktlösungen und gegenseitige Verpflichtung. Auf diese beiden Bereiche wird im folgenden Kapitel eingegangen und dabei auch ein Vergleich zu den festen Partnerschaften Erwachsener gezogen.

4.3 Besonderheiten der Beziehungsgestaltung Jugendlicher

4.3.1 Zunehmende Dauer und Intensivierung

Wie oben bereits in Kapitel 4.1 dargestellt, kann im Jugendalter eine zunehmende Intensivierung von Partnerschaften nachgewiesen werden. Dazu gehört zum einen die Tatsache, dass es im Verlauf des Jugendalters immer wahrscheinlicher wird, dass es zu ersten romantischen Erfahrungen kommt. Beispielsweise haben laut der pairfam-Studie mit 15 Jahren etwa 18 % der Jugendlichen aktuell einen Partner oder eine Partnerin, mit 16 Jahren 26 % und mit 17 Jahren 33 % (Wendt & Walper, 2013b). Höhere Werte ergeben sich in der BRAVO-Studie, die sich jedoch mit der Frage danach, ob die Jugendlichen »schon mal einen festen Freund/eine feste Freundin, bzw. einen Jungen/ein Mädchen, mit dem du zusammen warst«, auf jemals gemachte romantische Erfahrungen bezogen, nicht auf aktuell bestehende Partnerschaften. Die Zahlen belegen aber auch hier einen stetigen Anstieg im Verlauf des Jugendalters, beginnend bei der jüngsten befragten Altersgruppe von 11 Jahren, bis zu den 17-Jährigen: Schon mal einen Partner/eine Partnerin hatten mit 11 Jahren 26 % der Mädchen und 27 % der Jungen, mit 13 Jahren 43 % der Mädchen und 40 % der Jungen, mit 15 Jahren 48 % der Mädchen und 49 % der Jungen und mit 17 Jahren dann 63 % der Mädchen und 66 % der Jungen

(BRAVO-Studie, 2016, S. 22). Auch US-amerikanische demographische Studien belegen eindeutig die in den Modellen konzeptualisierte zunehmende Initiierung und Intensivierung von Partnerschaften im Verlauf der Adoleszenz (Carver et al., 2003): So steigt auch in nationalen Erhebungen in den USA mit zunehmendem Alter die Wahrscheinlichkeit, einen Partner/eine Partnerin zu haben, an, ebenso wie die Dauer der Partnerschaften.

Die Intensivierung von Partnerschaften lässt sich aber auch an Entwicklungssequenzen mit steigender Intensität der gemachten Erfahrungen im Verlauf des Jugendalters nachweisen, beginnend mit knapp 15 Jahren mit dem ersten Verliebtsein, gefolgt von der ersten festen Partnerschaft mit etwa 16 Jahren und nahezu zeitgleich dazu die ersten intensiveren sexuellen Erfahrungen (Silbereisen & Wiesner, 1999). Aber auch die Gestaltung von Partnerschaften verändert sich und spiegelt im Allgemeinen eine stärkere Intensivierung dieser Partnerschaften im Hinblick auf gemeinsam verbrachte exklusive Zeit, wahrgenommenem Commitment und Sexualität wieder (siehe auch Seiffge-Krenke & Shulman, 2012). Diese Facetten werden im folgenden Kapitel dargestellt.

4.3.2 Partnerschaftsgestaltung im Jugendalter

Auch in Bezug auf die Partnerschaftsgestaltung belegen empirische Studien die in den Modellen beschriebene Intensivierung der Partnerschaften. Erste Partnerschaften sind häufig von kurzer Dauer, mit wenig gegenseitiger Verpflichtung und teils sehr harmoniegeprägt. So betonen Befragte der frühen und mittleren Adoleszenz, befragt danach, worauf es in einer guten Beziehung ankommt, die Wichtigkeit von sich »gut verstehen«, Zusammenhalt, Freundlichkeit, Freundschaft und wenig Streit in ihrer Partnerschaft (Fleer, Klein-Heßling & Hassebrauck, 2002). In der mittleren bis späten Adoleszenz werden laut dieser Studie andere Aspekte bedeutsam, v. a. Verständnis, Sexualität, Freiraum und Offenheit. In allen Altersgruppen werden Vertrauen, Ehrlichkeit und Liebe genannt, und auch eine andere Befragung Jugendlicher zeigt, dass von diesen vor allem Treue und Geborgenheit mit den Begriffen Partnerschaft und Ehe assoziiert werden, jedoch konkrete Vorstellungen darüber, wie eine Beziehung zufriedenstellend aufrechterhalten werden kann, meist eher rudimentär sind (Bodenmann, 2003). Insgesamt zeichnet sich anhand dieser Beschreibungen eine Entwicklung von sehr harmoniebetonten ersten Partnerschaften hin zu einer stärkeren Balancierung von Individualität und Verbundenheit in den Beziehungen in der späten Adoleszenz und im jungen Erwachsenenalter ab. Reziprozität und Interdependenz – beides Zeichen eines intensiven, aber auch gleichberechtigten partnerschaftlichen Austauschs, steigen mit zunehmendem Alter in den Partnerschaften (Adams, Laursen & Wilder, 2001). Zudem lässt sich für das frühe Erwachsenenalter verstärkt der Wunsch nach Dauerhaftigkeit einer Partnerschaft nachweisen (Plies et al., 1999), während starkes Commitment gegenüber dem Partner/der Partnerin v. a. in der frühen Adoleszenz häufig abgelehnt wird (Connolly, Ben-Knaz, Goldberg & Craig, 1996), aber bis zum jungen Erwachsenenalter an Bedeutung zunimmt (Seiffge-Krenke & Shulman, 2012). Tatsächlich sind die Partnerschaften Jugendlicher im Durchschnitt von kürzerer Dauer als die junger Erwachsener: Befragt nach ihrer aktuellen Partnerschaft, beträgt die durchschnittliche Beziehungsdauer bei den 15- bis 17-Jährigen 0,7 Jahre, bei den 25- bis 27-Jährigen 4,6 Jahre und bei den 35- bis 37-Jährigen dann 11,1 Jahre (Wendt, 2015). Damit einhergehend haben Jugendliche auch eine deutlich höhere Trennungswahrscheinlichkeit als Paare im jungen Erwachsenenalter (z. B. Wendt, Schmahl & Walper, 2013) (▸ Kap. 4.7).

Aus einer entwicklungspsychologischen Präventionsperspektive steht auch die Frage im Raum, ob Jugendliche angesichts ihrer noch geringeren Beziehungserfahrungen besondere Schwierigkeiten in der Gestaltung intimer Beziehungen aufweisen. Wie bereits dargestellt, sind die Partnerschaften Jugendlicher häufig kurzlebiger und im Hinblick auf gegenseitige Fürsorge und gemeinsame Zukunftsorientierung der Partner/innen weniger tiefgreifend. Erst später übernimmt der Partner bzw. die Partnerin die Funktion als primäre Bezugsperson, wodurch die Partnerschaften zunehmend von Intimität, emotionaler Bindung und gegenseitiger Fürsorge geprägt sind (z. B. Seiffge-Krenke, 2003; Persike & Seiffge-Krenke, 2014) (▸ Kap. 4.4).

Jugendliche weisen im Vergleich zu Erwachsenen noch stärkere emotionale Unsicherheiten gegenüber dem Partner/der Partnerin auf (Walper, Guglhör-Rudan, Thönnissen, Wendt & Beckh, 2008; Wendt, 2016b). Doch gleichzeitig berichten die Jugendlichen auch über mehr Selbstöffnungsbereitschaft gegenüber dem Partner/der Partnerin (Wendt, 2016b). Die mag einerseits den starken Wunsch nach Harmonie in frühen Partnerschaften wiederspiegeln, andererseits aber möglicherweise auch Idealisierungsprozesse abbilden (Fischer & Alapack, 1987), die sich bei Jugendlichen beispielsweise auch für die Beziehungszufriedenheit nachweisen lassen (Wendt, Schaer, Schmahl, Thönnissen & Walper, 2010). Denn neben der vermeintlich höheren Selbstöffnung gegenüber dem Partner/der Partnerin können, wie oben berichtet, eine höhere emotionale Unsicherheit in der Partnerschaft sowie auch negativere Konfliktlösestile mit mehr verbaler Aggression und Rückzug gegenüber dem Partner/der Partnerin nachgewiesen werden (Wendt, 2016b). Auch andere Befunde zeigen, dass sich das Konfliktlöseverhalten in Partnerschaftsbeziehungen Jugendlicher im Sinne einer stärkeren Kompromissfähigkeit verbessert (Seiffge-Krenke & Shulman, 2012) ebenso wie das aktive Coping bezüglich romantischem Stress (Nieder & Seiffge-Krenke, 2001; Seiffge-Krenke, Bosma, et al., 2010). In einer Beobachtungsstudie zur Aushandlung von Konflikten in Partnerschaften im späten Jugend- bis frühen Erwachsenenalter kann gezeigt werden, dass eine hohe emotionale Involviertheit zu Beginn von Partnerschaften einer offenen Aushandlung von Konfliktlösungen entgegensteht, wobei sich diese Fähigkeit im weiteren Beziehungsverlauf, hier innerhalb von 6 Wochen, trotz gleichbleibender emotionaler Involviertheit dann verbessert (Shulman, Mayes, Cohen, Swain & Leckman, 2008), die jungen Paare also offenbar von einer gewissen Beziehungsdauer profitieren, mehr Vertrauen in die Partnerschaft entwickeln und darauf basierend Konflikte offen angehen können. Auch junge Erwachsene können von der im Allgemeinen höheren Stabilität ihrer Partnerschaften profitieren (Shulman & Connolly, 2013): Das gegenseitige Commitment der Partner/innen bietet jungen Erwachsenen die Basis für die gelingende Aushandlung von Konflikten. Dabei zeigt sich, dass ein größeres Ausmaß an Verbundenheit und Bindungssicherheit in der aktuellen Partnerschaft mit einem größeren Verständnis für den Partner/die Partnerin während eines Konflikts, weniger defensiven Konfliktreaktionen und einer geringeren Häufigkeit wahrgenommener Konflikte einhergeht (z. B. Patrick, Knee, Canevello & Lonsbary, 2007). Allerdings finden sich auch durchaus Befunde, die eine höhere Konflikthäufigkeit in längerfristigen Partnerschaften bzw. bei älteren Jugendlichen und jungen Erwachsenen finden (Nieder & Seiffge-Krenke, 2001; Wendt, 2016b), sodass sich auch hier das Bild abzeichnet, dass die höhere Tragfähigkeit von Partnerschaften die offene Aushandlung von Konflikten erst ermöglicht und die nötige Vertrauensbasis dafür schafft, dass eine Partnerschaft auch Konflikte überdauern kann. Dabei scheint sich im Entwicklungsverlauf auch generell die Fähigkeit zur vertrauensvollen Hinwendung an einen Partner/eine Partnerin zu verbessern, etwa nachweisbar durch einen höheren Grad an Affektivität und gegenseitiger Unterstützung – insbesondere, wenn Stressoren und Konflikte in der Partnerschaft bewältigt werden müssen (Nieder & Seiffge-Krenke, 2001; Seiffge-Krenke, 2003).

Im Vergleich zu gleich- und gegengeschlechtlichen Freundschaftsbeziehungen verhalten sich Jugendliche in Konflikten in ihren Liebesbeziehungen kompromissbereiter und mit weniger Ausdruck von Ärger (Shute & Charlton, 2006), möglicherweise aufgrund der größeren Unsicherheit bezüglich der Beständigkeit dieser Liebesbeziehungen. Andere Befunde sprechen wiederum für gegenläufige Effekte: Hier zeigen Jugendliche in ihren Interaktionen mit einem Partner/einer Partnerin mehr verbale Aggression und weniger affiliative Interaktionen wie Humor im Vergleich zu ihren Interaktionen mit ihrem besten Freund/ihrer besten Freundin (Connolly et al., 2015).

Aus entwicklungspsychologischer Perspektive wird davon ausgegangen, dass positive romantische Erfahrungen im Jugendalter von besonderer Bedeutung für die Persönlichkeits- und Sozialentwicklung sind (Furman & Shaffer, 2003; Furman & Collins, 2008; Neyer & Lehnart, 2007): So werden in den Partnerschaften Jugendlicher soziale Kompetenzen im Umgang mit dem anderen Geschlecht erprobt, die Identität der Jugendlichen stabilisiert sowie Erfahrungen mit emotionaler Intimität und Bindung zum Partner/zur Partnerin gesammelt (siehe auch von Salisch & Seiffge-Krenke, 2008). Aber auch umgekehrt sind Persönlichkeitsfaktoren wichtige Einflussgrößen auf die Entwicklung der (späteren) Beziehungsqualität: So hat etwa die Ich-Entwicklung im Jugendalter sowie der Status der Identitätsentwicklung im jungen Erwachsenenalter einen wichtigen Einfluss auf die Entwicklung der späteren Beziehungsqualität im Alter von 25 Jahren (Seiffge-Krenke & Beyers, 2016).

Letztlich ist davon auszugehen, dass die romantischen Erfahrungen während der Adoleszenz dem Erwerb von bedeutsamen Beziehungskompetenzen dienen, welche für die Gestaltung von dauerhaften Partnerschaften im jungen Erwachsenenalter wichtig sind. So zeigen empirische Befunde, dass Jugendliche und junge Erwachsene mit früheren Partnerschaftserfahrungen weniger emotionale Unsicherheiten in einer neuen Partnerschaft zeigen als Personen ohne frühere Partnerschaftserfahrungen und sich darüber hinaus keine negativen Auswirkungen von vorbestehenden Erfahrungen auf Zufriedenheit und Zukunftsorientierung in künftigen Beziehungen ergeben (Lux & Walper, 2016). Allerdings scheinen zu viele, wechselnde Partnerschaften, was auch als Overinvolvement bezeichnet wird, eher mit einer geringeren Qualität künftiger Beziehungen einherzugehen (Madsen & Collins, 2011; Yu, 2014), ebenso wie mit einer geringeren Beziehungsstabilität von Beziehungen im Erwachsenenalter, v. a. bei nichtehelichen Beziehungen (Arránz Becker, 2010). Mangelnde romantische Erfahrungen scheinen hingegen v.a. mit Unsicherheiten im Umgang mit potenziellen Beziehungspartnern/-innen einherzugehen (Christopher, Poulsen & McKenney, 2016). Bei den sogenannten »late bloomers«, also denjenigen Jugendlichen, die kaum oder gar keine romantischen Erfahrungen sammeln, lassen sich Probleme im Hinblick auf das Selbstbewusstsein, das Selbstbild und die sozialen Skills nachweisen (Steinberg, 2017, S. 286f). Allerdings scheinen mangelnde Erfahrungen nicht zwangsläufig mit einer schlechteren Beziehungsqualität in späteren Liebesbeziehungen im jungen Erwachsenenalter einherzugehen (Madsen & Collins, 2011). Negative Erfahrungen im Jugendalter wie unerwiderte Liebe können jedoch zu negativen Erwartungen bezüglich des Gelingens von Partnerschaften im jungen Erwachsenenalter beitragen (Carnelley & Janoff-Bulman, 1992). Auch kurzfristig sind Jugendliche mit Erfahrungen unerwiderter Liebe, die angaben, sich in einer Beziehung mit einem Klassenkameraden zu befinden, der diese Einschätzung jedoch nicht teilte, von vermehrter Depressivität und Angst betroffen (Carlson & Rose, 2007).

Befunde aus Längsschnittstudien legen nahe, dass letztlich vor allem die Qualität der Beziehungserfahrungen im Jugendalter für die Entwicklung positiver Beziehungskompetenzen im jungen Erwachsenenalter von Bedeutung ist (Zimmer-Gembeck, Siebenbruner & Collins, 2004; Seiffge-Krenke, 2003). Insgesamt ist jedoch die Frage, ob und inwieweit die konkreten Partnerschaftserfahrungen im Jugendalter spätere Partnerschaften fundamental prägen, oder ob vorbestehende Erfahrungen aus anderen Beziehungsgefügen wie Familie oder dem Peernetzwerk langfristig entscheidender sind, nicht abschließend geklärt (vgl. Collins & van Dulmen, 2006). Madsen und Collins (2011) zeigen beispielsweise in diesem Zusammenhang, dass zur Vorhersage der Qualität romantischer Beziehungen im jungen Erwachsenenalter positive Eltern-Kind-Interaktionen im Jugendalter, das Dating weniger Partner/innen sowie eine höhere Qualität der Dates im Jugendalter entscheidend sind, während die Bindung zu den Eltern in der frühen Kindheit oder Peerkompetenzen in der mittleren Kindheit nicht entscheidend waren. Die Variablen, die sich auf konkrete romantische Erfahrungen im Jugendalter bezogen, klärten dabei weitere 19 % der Varianz im Vergleich zur Vorhersagekraft der anderen Beziehungsvariablen zu Eltern und Peers auf. Die Frage zu Transmissionsprozessen aus anderen Beziehungsgefügen *Familie* und *Peers* wird auch in den beiden folgenden Kapiteln 4.4 und 4.5 noch ausführlicher aufgegriffen.

4.4 Partnerschaften im Jugendalter als Bindungsbeziehung

Für die Untersuchung von Liebesbeziehungen im Jugendalter stellt die Bindungstheorie nach John Bowlby (Bowlby, 1969/1973/1980, dt. 2006) einen bedeutsamen Rahmen dar: »Today, the attachment perspective is the dominant framework within which researchers study intimacy in adolescence« (Steinberg, 2005, S. 336). Die Grundlagen der Bindungstheorie sind in Standardwerken, wie etwa von Grossmann und Grossmann (2012), nachzulesen. In aller Kürze seien hier einige wichtige Grundlagen beschrieben: Bowlby und nachfolgende Bindungsforscher/innen gehen davon aus, dass jeder Mensch, abhängig von den Erfahrungen mit zentralen Bezugspersonen, unterschiedliche Repräsentationen von Bindungsbeziehungen herausbildet, die quasi als Muster für künftige Beziehungen die Erwartungen an Beziehungen und das Verhalten in Beziehungen steuern. Diese sogenannten Bindungsrepräsentationen können abhängig von den Erfahrungen im Wesentlichen drei Qualitäten annehmen: sicher-autonom, unsicher-distanziert (vermeidend) und unsicher-verwickelt (präokkupiert).

Die empirische Befundlage zeigt eindrucksvoll, dass Jugendliche mit *sicherer* Bindungsrepräsentation im Umgang mit Gleichaltrigen kompetenter sind (vgl. Wendt, 2009): Sie zeigen mehr soziale Fertigkeiten, mehr Vertrauen, weniger Feindseligkeit, besseres

Konfliktmanagement und haben insgesamt eine bessere Qualität ihrer Peerbeziehungen, auf der Persönlichkeitsebene zeigen sie eine höhere Ich-Flexibilität, höhere Ich-Resilienz und bessere Copingstrategien (für einen Forschungsüberblick siehe Allen & Tan, 2016). Diesen Befunden zufolge sollten Jugendliche mit sicherer Bindungsrepräsentation besser in der Lage sein, eine vertrauensvolle Beziehung zu Gleichaltrigen oder einem Liebespartner/einer Liebespartnerin aufzubauen.

Tatsächlich erweisen sich längsschnittlich die Strategien im Umgang mit Gleichaltrigen im Jugendalter als wichtige Vorläufer einer sicheren Partnerschaftsrepräsentation im jungen Erwachsenenalter (vgl. Grossmann & Grossmann, 2012). Auch die Qualität der Partnerschaften Jugendlicher mit sicherer Bindungsrepräsentation ist meist positiver. So beurteilen Jugendliche mit sicherer Bindungsrepräsentation ihr Konfliktverhalten in der Partnerschaft als weniger negativ im Vergleich zu Jugendlichen mit unsicher-vermeidender Bindungsrepräsentation, haben einen realistischeren Zugang zur Beschreibung ihres eigenen Konfliktverhaltens (Creasey & Ladd, 2004) und zeigen mehr positiv-affektiven Gefühlsausdruck in der Interaktion mit dem Partner/der Partnerin (Furman & Simon, 2006).

Eine weitere wichtige Grundannahme der Bindungstheorie ist ferner, dass nicht nur die Beziehungen zu engen Bezugspersonen wie den Eltern eine Bindungsbeziehung darstellen, sondern auch enge Partnerschaften als Bindungsbeziehung aufgefasst werden können. Tatsächlich zeichnen sich die engen Liebesbeziehungen Erwachsener durch ganz ähnliche Merkmale aus, wie sie sich auch für die Eltern-Kind-Bindung nachweisen lassen (vgl. Wendt, 2009). So zeigen auch Erwachsene im Falle von Belastungen oder drohender Trennung die typischen Bindungs-Verhaltensweisen wie Nähesuche (Proximity Seeking) und Trennungsprotest (Separation Protest). Der Partner/die Partnerin ist bei Bedrohung sicherer Hafen (Safe-Haven) und als sichere Basis (Secure-Base) der Ausgangpunkt für Exploration (Ainsworth, 1985; von Sydow, 2002; vgl. Wendt, 2009).

Für das Jugendalter stellt sich in diesem Zusammenhang die Frage, wann und wie sich der Wechsel der zentralen Bezugspersonen von den Eltern auf enge Freunde und schließlich einen Liebespartner/eine Liebespartnerin vollzieht. Hazan und Zeifman (1994) weisen nach, dass dieser Übergang sequenziell abläuft, wobei die Eltern ihre Bedeutung in den einzelnen Bereichen nach und nach verlieren (siehe auch Wendt, 2009): Zunächst werden Gleichaltrige zum Ziel von Nähesuche und ab der frühen Adoleszenz (11–14 Jahre) fungieren sie auch als »Safe Haven«. Erst in der mittleren Adoleszenz (15–17 Jahre) kommt es zu Trennungsprotest sowie zur Nutzung der Gleichaltrigen als »Secure Base«. Gleichzeitig wird ab der mittleren Adoleszenz nicht mehr ein Freund/eine Freundin, sondern in 83 % der Fälle ein Liebespartner/eine Liebespartnerin als gleichaltrige Bindungsperson benannt (vgl. Wendt, 2009). Nach diesen Angaben ist davon auszugehen, dass erst ab der mittleren Adoleszenz, also etwa einem Alter von 15 bis 17 Jahren, ein Partner/eine Partnerin potentiell als Bindungsperson fungieren kann. Auch Steinberg (2017) beschreibt diesen Prozess, bei dem die Intimität in verschiedenen Beziehungstypen Jugendlicher in unterschiedlichen Altersphasen virulent wird: In den Peersbeziehungen steigt die Intimität vor allem in der frühen Adoleszenz an, in den romantischen Beziehungen am stärksten Ende der mittleren Adoleszenz, und zu den Eltern bleibt sie mehr oder minder über die Jahre hinweg relativ stabil. Darüber hinaus zeigt die Forschung, dass eine Beziehungsdauer von etwa zwei Jahren für den Aufbau einer solchen echten Bindungsbeziehung mit allen vier Merkmalen notwendig ist, und zudem behalten häufig auch im späten Jugendalter und frühen Erwachsenenalter die Eltern weiterhin eine wichtige Funktion als zentrale Bindungsfiguren (Fraley & Davis, 1997).

Furman und Kolleginnen entwickelten ein bindungstheoretisch ausgerichteten Rahmenkonzept zur Entwicklung von Liebesbeziehungen im Jugend- und jungen Erwachsenenalter (Furman & Simon, 1999; Furman & Wehner, 1994/1997). Sie gehen dabei zum einen davon aus, dass während der Adoleszenz die Eltern ihre

Funktion als primäre Bezugspersonen behalten (siehe auch Stufenmodell von Furman, ▶ Kap. 4.2), während der Liebespartner/die Liebespartnerin primär der Befriedigung von Bedürfnissen nach Sexualität und Anschluss dienen. Zum anderen zeigte ihre empirische Forschung, dass die Repräsentation der Liebesbeziehung von Jugendlichen stärker der Repräsentation der Freundschaftsbeziehung ähnelt als der Repräsentation der Eltern-Kind-Beziehung (Furman, Simon, Shaffer & Bouchey, 2002). Diesen Befund führen die Autoren auf eine stärkere Ähnlichkeit von Freundschafts- und Liebesbeziehungen im Jugendalter im Hinblick auf Struktur und Inhalt zurück, von welchen sich die Eltern-Kind-Beziehung mit ihrer primären Bindungs- und Fürsorgefunktion abhebt. In ihrem Modell gehen Furman und Kolleginnen daher von *beziehungsspezifischen* Repräsentationen – so genannten Relational Views – aus, welche hierarchisch strukturiert sind und unterschiedliche Erwartungen an die jeweilige Beziehungsform organisieren (Furman & Simon, 1999; Jones & Furman, 2011). Das Modell stellt einen Versuch dar, Ähnlichkeiten und Differenzen verschiedener Beziehungstypen im Jugendalter zu erklären sowie dem Nebeneinander von verschiedenen Bezugssystemen im Jugendalter (Eltern, Peers, PartnerIn) Rechnung zu tragen. Die verschiedenen Repräsentationen von Beziehungen basieren auf unterschiedlichen Erfahrungen mit verschiedenen Personen (Mutter, Vater, Freunden/-innen, Partnern/-innen) und werden in beziehungsspezifischen Repräsentationen gespeichert und letztlich zu einer Repräsentation von Beziehung generalisiert (Modell auch in Wendt, 2009, S. 54).

4.5 Transmissionsprozesse aus der Herkunftsfamilie und Einflüsse der Peers

Die Art, wie Jugendliche ihre Partnerschaft gestalten, wird maßgeblich durch andere, oftmals frühere Beziehungserfahrungen geprägt. Die bedeutsamsten Einflüsse stammen dabei zum einen aus der Herkunftsfamilie, wobei hier insbesondere die direkten Erfahrungen aus der Eltern-Kind-Beziehung, aber auch die indirekten Erfahrungen durch Beobachtung der elterlichen Partnerschaftsbeziehung eine Rolle spielen. Zum anderen sind vor allem die Beziehungen zu Gleichaltrigen in der Peergroup und in Freundschaftsbeziehungen von Bedeutung. Im Folgenden wird auf verschiedene Einflusskontexte sowie entsprechende Modelle und Theorien eingegangen, die die Transmission von Beziehungsqualität aus einem Beziehungskontext in den anderen erklären.

4.5.1 Einflüsse der Herkunftsfamilie

Die in der Herkunftsfamilie erworbenen Kompetenzen, Einstellungen, emotionalen Schemata oder anderen Dispositionen haben großen Einfluss auf die Gestaltung eigener Paarbeziehungen im Jugendalter. Verschiedene theoretische Modelle greifen diesen Umstand auf (vgl. Walper, Thönnissen, Wendt & Schaer, 2010): Dazu zählen beispielsweise psychoanalytische Theorien, lerntheoretische Erklärungen (z. B. nach Bandura), kognitive Ansätze (z. B. Grych & Fincham, 1990), Sozialisations- und Erziehungsmodelle, bis hin zu familientherapeutischen Ansätzen (z. B. nach Stierlin) oder auch bindungstheoretischen Erklärungen (z. B. Hazan & Shaver, 1987).

Bereits im vorangegangenen Kapitel wurde anhand der Annahmen der Bindungstheorie gezeigt, dass die in der Beziehung zu Mutter und Vater erworbenen mentalen Bindungsrepräsentationen Einfluss auf die Gestaltung eigener Liebesbeziehungen haben.

So zeigen entsprechende empirische Studien, dass tatsächlich längsschnittlich Einflüsse frühester Bindungserfahrungen mit den Eltern auf die Bindungssicherheit und das Verhalten in romantischen Beziehungen nachgewiesen werden können (Grossmann & Grossmann, 2012; Roisman, Collins, Sroufe & Egeland, 2005; vgl. Walper et al., 2010). Auch querschnittlich angelegte Analysen zeigen deutliche Zusammenhänge von Bindungserfahrungen in der Herkunftsfamilie mit der Bindung in der aktuellen Liebesbeziehung (z. B. Feeney & Noller, 1990; Walper & Wendt, 2015).

Aus lerntheoretischer Perspektive ist davon auszugehen, dass, basierend auf Banduras Annahmen in seiner sozial-kognitiven Lerntheorie (Bandura 1976), die Eltern als Modelle für späteres Verhalten der Kinder in ihren eigenen Partnerschaften fungieren. Dabei spielt zum einen die Beobachtung der elterlichen Verhaltensweisen in der Partnerschaft im Sinne eines »Lernens am Modell« eine Rolle, zum anderen aber auch die Erfahrung der direkten Interaktion eines Elternteils mit der eigenen Person. Wie Walper und Kollegen/-innen (2010) zusammenfassen, werden derartige Prozesse etwa dafür geltend gemacht, dass Gewalt in der Eltern-Kind-Beziehung die Wahrscheinlichkeit für häusliche Gewalt in der Paarbeziehung der nachfolgenden Generation erhöht (Swart, Stevens & Ricardo, 2002), oder das Konfliktlöseverhalten von Vater und Mutter gegenüber dem jugendlichen Kind Einfluss auf das Konfliktverhalten des Jugendlichen gegenüber seinem eigenen Partner/seiner eigenen Partnerin nimmt (Reese-Weber & Bartle-Haring, 1998; Walper & Wendt, 2015). Auch für Verhaltensweisen wie Kompromisse eingehen, verbale Aggression oder Konfliktvermeidung konnten positive Zusammenhänge aufgezeigt werden (Reese-Weber & Bartle-Haring, 1998), ebenso wie für die Transmission unterstützenden Verhaltens (Furman, Simon, Shaffer & Bouchey, 2002).

Eine Studie mit Jugendlichen und jungen Erwachsenen mit und ohne Scheidungserfahrung in der Familie zeigt, dass sich Personen aus Trennungsfamilien selbst geringere Beziehungskompetenzen zuschreiben und mehr Partnerschaftskonflikte als Personen aus

Kernfamilien erleben (Beckh, Bröning, Walper & Wendt, 2013). Partner/innen von Personen aus Trennungsfamilien berichten dabei einen geringeren Selbstwert und eine höhere Explosivität als Partner/innen von Personen aus Kernfamilien und erleben mehr Ambivalenzen sowie eine geringere Zufriedenheit in der Beziehung. Neben weiteren geschlechtsspezifischen Befunden zeigt sich in dieser Studie auch, dass die Beziehungsdauer viele Zusammenhänge moderiert. U. a. zeigen Männer aus Trennungsfamilien weniger autonome Verbundenheit im beobachteten Konfliktverhalten und dies insbesondere in längeren Beziehungen. Möglicherweise stellt die Partnerwahl einen wichtigen Faktor bei der intergenerationalen Transmission des Trennungsrisikos dar. Die Befunde machen anhand der hier nachgewiesenen Transmission von Beziehungsqualität deutlich, dass Scheidungskinder auch in den eigenen Beziehungen spezifischen Risiken aufgrund der elterlichen Scheidung ausgesetzt sind.

Aus einer sozialisationstheoretischen Perspektive wird bezüglich der Einflüsse aus der Eltern-Kind-Beziehung allem voran dem elterlichen Erziehungsverhalten ein beträchtlicher Einfluss auf die Entwicklung Jugendlicher und dabei auch der Partnerschaftsgestaltung Jugendlicher und junger Erwachsener zugeschrieben (Gray & Steinberg, 1999; vgl. Walper et al., 2010). Dabei können insbesondere für eine autoritative Erziehung, charakterisiert durch viel Wärme und Akzeptanz, Autonomieförderung und einer angemessenen, moderaten Kontrolle, zahlreiche Nachweise für positive Entwicklungsausgänge in der Adoleszenz und dem jungen Erwachsenenalter gefunden werden (vgl. Walper, 2008; Walper et al., 2018). In Bezug auf die romantische Entwicklung zeigen etwa längsschnittliche Befunde, dass ein liebevoll-konsequentes Elternverhalten ein wärmeres, stärker unterstützendes und weniger feindseliges Verhalten junger Erwachsener in Liebesbeziehungen, und darüber vermittelt eine insgesamt höhere Partnerschaftsqualität, vorhersagt (Conger et al. 2000). Weiterhin begünstigt etwa eine verlässliche Allianz in der Eltern-Kind-Beziehung mehr Intimität in der Paarbeziehung sechs Jahre später (Seiffge-Krenke,

2001), und die wahrgenommene Unterstützung durch den Liebespartner/die Liebespartnerin lässt sich durch unterstützende Beziehungen sowohl zu Eltern als auch zu Peers vorhersagen (Connolly & Johnson, 1996). Elterliche Wärme und Monitoring gehen auch mit einer höheren Beziehungsstabilität im Jugendalter einher (Espinosa-Hernández, Bissell-Havran, van Duzor & Halgunseth, 2017). Dass sich auch eine konkrete Unterstützung der Eltern im Bereich romantischer Entwicklung positiv auswirkt, zeigen etwa Befunde, die nachweisen, dass die mütterliche Unterstützung den Einfluss romantischen Stresses auf die Entwicklung depressiver Symptome im Alter von 15 Jahren abzupuffern vermag (Anderson, Salk & Hyde, 2015). Darüber hinaus hängen positive und unterstützende Einstellungen der Eltern gegenüber den romantischen Aktivitäten ihrer Kinder, insbesondere die der Mütter, mit mehr romantischen Kompetenzen sowie stabileren Liebesbeziehungen im Jugendalter zusammen (Shulman et al., 2017). Im Gegensatz hierzu ist ein strenges und inkonsistentes Erziehungsverhalten während der Adoleszenz mit mehr aggressivem und ambivalentem Verhalten gegenüber dem Partner/der Partnerin im jungen Erwachsenenalter verbunden, vermittelt über mehr externalisierendes Verhalten und mehr Ambivalenz gegenüber den Eltern (Surjadi, Lorenz, Conger & Wickrama, 2013) (siehe auch unten DEARR-Modell). Auch längerfristige Effekte der Eltern-Kind-Beziehung auf die Gestaltung von Liebesbeziehungen lassen sich in Längsschnittstudien nachweisen (Grossmann & Grossmann, 2012; Collins & van Dulmen, 2006; Seiffge-Krenke, 2001). So ist etwa ein zuverlässiges Bündnis mit den Eltern im frühen und mittleren Jugendalter prädiktiv für Vertrauen und Freundschaft sowie sexuelle Anziehung in Liebesbeziehungen während des frühen Erwachsenenalters (Seiffge-Krenke, 2001). Darüber hinaus stehen die Beziehungserfahrungen mit Müttern und Vätern während des Jugendalters mit unterschiedlichen Komponenten der späteren Beziehungsqualität im jungen Erwachsenenalter in Verbindung: So beeinflusst etwa die Beziehungsqualität zur Mutter Verbundenheit und sexuelle Anziehung in den Partnerschaften junger Erwachsener, während eine distanzierte Beziehung zum Vater mit mehr ängstlicher Liebe im jungen Erwachsenenalter einhergeht (Seiffge-Krenke, Overbeek & Vermulst, 2010). Die emotionale Unsicherheit gegenüber der Mutter hat insgesamt mehr negative Einflüsse auf verschiedene Domänen der Partnerschaftsqualität Jugendlicher (auf Verbundenheit, negativen Konflikt, emotionale Unsicherheit und Autonomie) als die emotionale Unsicherheit gegenüber dem Vater (nur auf emotionale Unsicherheit und Autonomie) (Walper & Wendt, 2015).

Dass hierbei die sozialen Kompetenzen der Heranwachsenden, die im Kontext der Beziehungen und Interaktionen mit den Eltern erworben werden, eine zentrale vermittelnde Rolle spielen, legen die Befunde von Scharf und Mayseless (2001) nahe: Nach deren Befunden lassen sich die sozialen Kompetenzen Jugendlicher durch deren Beziehung zu den Eltern vorhersagen und beeinflussen ihrerseits die Intimität in Liebesbeziehungen sowohl direkt als auch indirekt (vermittelt über die Qualität von Freundschaftsbeziehungen) (vgl. Walper et al., 2010). Auch Längsschnittdaten aus dem Minnesota Parent-Child Projekt zeigen, dass Kinder, die in der frühen Kindheit eine sichere Bindung an die Mutter hatten, in der mittleren Kindheit weiter entwickelte sozial-kognitive und emotionale Kompetenzen aufweisen, die ihrerseits für das Jugend- und junge Erwachsenenalter eine höhere Intimität in Dating-Beziehungen vorhersagen (Collins, Henninghausen, Schmit & Sroufe, 1997; Collins & van Dulmen, 2006).

Die bislang dargestellten Prozesse der intergenerationalen Einflussnahme lassen sich in Anlehnung an Martin und Olson (1996) in die beiden Gruppen horizontale und vertikale Transmission einteilen (vgl. Walper et al., 2010; Wendt, 2009): Während mit horizontaler Transmission direkte Einflüsse der elterlichen Paarbeziehung auf die Paarbeziehungen der nachfolgenden Generation gemeint sind, bspw. über das Lernen am beobachteten Modell der Eltern, bezieht sich der Begriff der vertikalen Transmission auf die Einflüsse aus der Eltern-Kind-Beziehung, etwa über die Qualität der Bindung oder auch direkte Sozialisationsprozesse innerhalb der Eltern-Kind-Dyade. Im Zusammenhang mit der (längsschnittlichen) Forschung zur Beziehungsentwicklung im Jugend- und jungen Erwachsenenalter spielt vor allem das DEARR-Modell (Development of Early Adult Romantic Relationships) (Bryant & Conger, 2002) als integratives Modell mehrerer Einflussfaktoren eine Rolle. Das Modell vereint als Einflussfaktoren neben Charakteristika und Beziehungsmerkmalen der *Herkunftsfamilie* auch Informationen über *Persönlichkeitsmerkmale* oder die *sozialen und ökonomischen Ressourcen* der jungen Erwachsenen, die als Mediatoren die *Gestaltung der Partnerschaft* und schließlich den *Erfolg der Partnerschaft* im jungen Erwachsenenalter beeinflussen. Das Modell konnte in verschiedenen Studien bestätigt werden (z. B. Anderson et al., 2014; Conger, Cui, Bryant & Elder, 2000; Surjadi et al., 2013; Hare, Miga & Allen, 2009).

Legt man den Fokus auf negative Einflüsse auf die Aufnahme und Gestaltung von Liebesbeziehungen im Jugendalter, werden ungünstige Erfahrungen aus der Herkunftsfamilie als besonders zentral erachtet. So stehen belastende Erfahrungen in der Familie während der Kindheit mit einer Vorverlagerung der Geschlechtsreife bei Mädchen und Jungen in Verbindung (▶ Kap. 3.3). Dabei gelten sowohl eine konflikthafte elterliche Ehe (Moffit, Caspi, Belsky & Silva, 1992), die elterliche Scheidung bzw. das Aufwachsen bei einer alleinerziehenden Mutter oder in einer Stieffamilie (z. B. Ellis & Graber, 2000; Neberich et al., 2010) wie auch Konflikte in der Eltern-Kind-Beziehung (Graber, Brooks Gunn & Warren, 1995) als Risikofaktoren für eine Vorverlagerung der biologischen Reife. In Familien mit wenig Anteilnahme, Zuwendung und Kontrolle seitens der Eltern lässt sich nachweisen, dass Jugendliche insgesamt früher sexuell aktiv werden (Miller et al., 2001; Miller, 2002; de Graaf et al., 2012; Pingel et al., 2012; Ream & Savin-Williams, 2005). Auch Jugendliche aus einem Umfeld mit hohem familiären Stress, starker Disharmonie der elterlichen Ehe oder Trennung/Scheidung lassen sich vermehrte und frühere Sexualkontakte (z. B. Kim & Smith, 1999; Miller et al., 2001) sowie häufigere, aber kürzere und instabilere Partnerschaften nachweisen, was im Rahmen des evolutionstheoretischen Sozialisationsmodells von Belsky (Belsky et al., 1991; Belsky, 1999) als eine quantitative Reproduktionsstrategie bei geringer Wertschätzung von emotionaler Bindung interpretiert wird. Auch die Zahl der Beziehungstransitionen der Mutter erhöht die Wahrscheinlichkeit romantischer Involviertheit und die Beziehungshäufigkeit der Kinder im Jugend- und jungen Erwachsenenalter (Cui, Gordon & Wickrama, 2016). Insgesamt zeigen diese Studien, dass im Jugendalter sowohl das Erreichen der sexuellen Reife, die Gestaltung sexueller Kontakte wie auch das Eingehen einer Partnerschaft und deren Dauer durch das familiäre Klima sowie die Familienkonstellation beeinflusst werden.

Auch für die Qualität von Partnerschaften lassen sich negative Effekte einer elterlichen Scheidung oder elterlicher Konflikte aufzeigen. So macht das Aufwachsen in einer Scheidungsfamilie spätere Beziehungsprobleme (McCabe, 1997) sowie Unsicherheit und Ängstlichkeit in der Partnerschaft im jungen Erwachsenenalter (van Schaik & Stolberg, 2001) wahrscheinlicher. Weitere Befunde weisen darauf hin, dass auch das Aufwachsen bei nicht verheirateten Eltern mit einer geringeren Partnerschaftsqualität bei jungen Erwachsenen einhergeht (in den Bereichen Anpassung, negative Kommunikation, Commitment und physische Aggression), laut dieser Studie geringer sogar als bei jungen Erwachsenen, die die Scheidung der Eltern erlebt haben (Rhoades, Stanley, Markman & Ragan, 2012). Allerdings weisen diesen Daten zufolge auch Befragte aus Scheidungsfamilien eine geringere Anpassung und negativere Kommunikation im Vergleich zu Befragten aus Familien mit verheirateten Eltern auf. Eigene Analysen bestätigen negative Effekte einer elterlichen Trennung auf die erlebte Verlässlichkeit in Partnerschaften von Jugendlichen und jungen Erwachsenen (Walper, Beckh & Wendt, 2004). Eine Beobachtungsstudie an jugendlichen Paaren und deren Eltern zeigt, dass ein in der elterlichen Ehe in der Beobachtungsstudie nachweisbares wenig funktionales Konfliktverhalten auch in den Interaktionen der Jugendlichen mit ihrem Partner/ihrer Partnerin beobachtbar ist, nachweisbar etwa in Form von mehr Rückzug, verbaler Aggression, Negativität, ineffektivem Problemlösen oder geringerer Kohäsion (Darling, Cohan, Burns & Thompson, 2008). Auch die Häufigkeit elterlicher Partnerschaftskonflikte ist mit vermehrten negativen Konfliktlösestilen (Martin, 1990) und stärkerer Abhängigkeit in den Partnerschaften junger Erwachsener (Toomey & Nelson, 2001) verbunden.

4.5.2 Einflüsse der Peerbeziehungen

In Bezug auf die romantische und sexuelle Entwicklung wird dem Peernetzwerk eine wesentliche Bahnungs- und Lenkungsfunktion zugeschrieben (Brown, 1999; Connolly & Goldberg, 1999), wobei die Peergroup einerseits als aktueller oder künftiger Partnermarkt genutzt wird (Feiring, 1999), anderseits aber auch Entwicklungsnormen bezüglich romantischen Verhaltens vorgibt. Dass Fokusstrukturen wie Peernetzwerke durchaus eine beträchtliche verhaltensmodellierende Wirkung entfalten können, ist beispielsweise daran ersichtlich, dass, wie oben in Kapitel 3.3.2 berichtet, sexuelle Aktivitäten Gleichaltriger im sozialen Bezugssystem ein starker Prädiktor für die Aufnahme sexueller Aktivität sind (z. B. Sieving et al., 2006). Dabei spielt jedoch auch die allgemeine Delinquenzneigung Gleichaltriger im sozialen Netz eine Rolle und scheint frühe sexuelle Aktivitäten zu begünstigen (Silbereisen & Wiesner, 1999). Auch in Bezug auf die romantische Entwicklung lässt sich nachweisen, dass beispielsweise frühreifende Jugendliche auch früher erste Dates eingehen (z. B. Lam et al., 2002), aber darüber hinaus hat auch die Peergruppe zusätzliche Einflüsse auf das Alter beim Datingbeginn, zusammen mit der körperlichen Reifung und der Delinquenzneigung in der Peergruppe (Friedlander, Connolly, Pepler & Craig, 2007). Als potentielle Partner beliebte Jugendliche weisen laut einer aktuellen Studie einen höheren Alkoholkonsum auf (Jacobs, Jeon, Goodson & Valente, 2015) und geben dies möglicherweise als akzeptables Verhalten in der Peergruppe vor. Insbesondere diejenigen Jugendlichen, die in ihren Eltern keine Vertrauensperson für sexuelle Themen fanden, scheinen dabei vorgegebenen Peernormen, hier in Bezug auf sexuelles Verhalten, stärker ausgesetzt zu sein (Whitaker & Miller, 2000).

Auch aus einer besonderen Form der Gleichaltrigenbeziehungen, den Geschwisterbeziehungen, lassen sich Einflüsse auf die Liebesbeziehungen Jugendlicher nachweisen: So daten Jugendliche mit älteren Geschwistern früher (siehe Steinberg, 2017). Darüber hinaus zeigen Jugendliche mit einem gegengeschlechtlichen Geschwister einen größeren Zuwachs an romantischen Kompetenzen während der Entwicklung vom frühen Jugendalter hin zum jungen Erwachsenenalter, und eine höhere Intimität in der Geschwisterbeziehung geht mit einer höheren Kompetenz in der späteren Liebesbeziehung einher (Doughty, Lam, Stanik & McHale, 2015). Insgesamt macht das Vorhandensein älterer Geschwister mit romantischen Erfahrungen oder von Geschwistern, die mit einem Partner/einer Partnerin zusammenleben oder verheiratet sind, romantische Erfahrungen der jüngeren Geschwister wahrscheinlicher (Wheeler et al., 2016).

Die Kontakte in der Peergruppe sind jedoch nicht nur als potentieller Partnermarkt aufzufassen, sondern stellen auch gerade in der frühen Adoleszenz einen Schutzraum dar, innerhalb dem Themen wie Sexualität, Anziehung, Träume und Fantasien besprochen werden können, und damit auch gelernt wird, was normal und erlaubt ist, und was nicht (Seiffge-Krenke & Shulman, 2012). Viele, insbesondere jüngere Jugendliche berichten über romantische Fantasien und ein starkes Interesse an Datingerfahrungen, auch wenn dies häufig nicht ihren tatsächlichen Erfahrungen entspricht (Tuval-Mashiach, Walsh, Harel & Shulman, 2008). Dabei zeigen Studien, dass im Jugendalter teils auch die Grenzen zwischen Freundschaften und romantischen Beziehungen verschwimmen (Seiffge-Krenke & Shulman, 2012).

Gerade die Erfahrungen in engen Freundschaftsbeziehungen sind von großer Bedeutung und müssen von den Einflüssen des Peernetzwerks bzw. den Normen der Gleichaltrigengruppe unterschieden werden. Fokussiert man die Qualität der Liebesbeziehungen im Jugendalter, so scheint diese stark mit den Erfahrungen und der Qualität in engen Freundschaften zusammenzuhängen, wobei die intimen Freundschaftsbeziehungen quasi als »Übungsfeld« für die Gestaltung von engen Beziehungen aufgefasst werden können (Connolly et al., 2000; Scharf & Mayseless, 2001). Selbst für die Qualität der Freundschaftsbeziehungen in der mittleren Kindheit lassen sich Einflüsse auf die Qualität von Liebesbeziehungen im Jugendalter ausmachen (Collins et al., 1997). Wenngleich in Studien teilweise starke Zusammenhänge zwischen der Beziehungsqualität in Freundschafts- und Liebesbeziehungen nachgewiesen werden können (vgl. auch Furman, Simon, Shaffer & Bouche, 2002), fehlt in anderen Studien der Nachweis entsprechender Zusammenhänge (Seiffge-Krenke, 2001; Beckh, Wendt & Walper, 2004; Seiffge-Krenke et al., 2001; Madsen & Collins, 2011).

Als Hinweis auf vorhandene Normen der Peergruppe lassen sich auch ethnische Unterschiede im Start der romantischen Entwicklung interpretieren. So berichtet Steinberg (2017) auf Basis US-amerikanischer Befunde über Unterschiede im Alter bei der Aufnahme romantischer Beziehungen zwischen hispanischen und asiatischen Jugendlichen in den USA, welche im Durchschnitt etwas später erstmals daten als schwarze, weiße oder Native Americans (S. 281).

Der relative Einfluss von Herkunftsfamilie und Peernetzwerken bzw. engen Freundschaftsbeziehungen ist aufgrund der bisherigen Befundlage nicht endgültig geklärt. Bisherige Befunde sprechen für plausible Einflüsse aus beiden Beziehungskontexten mit unterschiedlichen Einflusswegen der Erfahrungen aus Kindheit und Jugendalter (Collins & van Dulmen, 2006; Seiffge-Krenke, 2001; Madsen & Collins, 2011; Rauer, Pettit, Lansford, Bates & Dodge, 2013). Darüber hinaus scheinen auch in den einzelnen Phasen der romantischen Entwicklung im Verlauf der Adoleszenz unterschiedliche Beziehungserfahrungen von Bedeutung zu sein (Seiffge-Krenke, 2003). Weitere Befunde weisen auf unterschiedliche Einflüsse aus den verschiedenen Beziehungskontexten Familie und Peers auf verschiedene Facetten romantischer Entwicklung: So geht einer Studie zufolge weniger sichere Bindung zur Mutter mit einem größeren frühen Involvement in romantische Beziehungen einher, nicht jedoch mit einer geringeren Beziehungsqualität (Kochendorfer & Kerns, 2017). Diese wird jedoch durch die Qualität von Freundschaftsbeziehungen maßgeblich beeinflusst, sodass die Autoren/-innen von direkten, aber unabhängigen Einflüssen aus den beiden Beziehungskontexten ausgehen.

4.6 Romantische Involviertheit und schulischer Erfolg

Wie bereits oben beschrieben, fällt die Aufnahme erster romantischer Beziehungen in eine Altersphase, in der auch andere wichtige Entwicklungsaufgaben virulent sind, v. a. die Identitätsbildung und die damit eng verbundene Entwicklung schulischer und beruflicher Perspektiven (▶ Kap. 2). Erikson (1968) beschreibt die Identitätsentwicklung als zentrale Aufgabe der frühen und mittleren Adoleszenz, während im späten Jugend- und frühen Erwachsenenalter stärker die Konsolidierung intimer Beziehungen im Vordergrund stehen würde. Demnach könnten sich insbesondere schulbezogene Entwicklungs- und Verhaltensprobleme, beispielsweise geringe akademische Leistungsorientierung, geringe Schulmotivation oder Schulabbruch, als Folge früher oder überinvolvierter romantischer bzw. sexueller Erfahrungen im frühen oder mittleren Jugendalter entwickeln. Tatsächlich zeigt eine prospektive Längsschnittstudie von Neemann und Kollegen/-innen (1995), dass eine hohe Involviertheit in romantische Beziehungen in der mittleren Adoleszenz mit geringeren akademischen Kompetenzen verbunden ist, wobei die negativen Auswirkungen romantischer Überinvolviertheit vor allem kurzfristig im mittleren Jugendalter, nicht aber langfristig in der späteren Adoleszenz nachweisbar sind. Gleichwohl dies die Hoffnung auf eine spätere positive Entwicklung der Jugendlichen weckt, sind insbesondere die schul- und berufsbezogenen Entscheidungen im mittleren Jugendalter von besonderer Bedeutung, fallen in diese kritische Altersphase von 14–17 Jahren für viele Jugendliche doch die Wahl des geeigneten Schulzweigs, Schulabschlüsse oder die Ausbildungs- bzw. Berufswahl. Weitere Befunde weisen noch allgemeiner auf eine Problementwicklung im Zusammenhang mit einer Überinvolviertheit in romantische Beziehungen hin und zeigen, dass die Involviertheit in romantische Beziehungen mit der Delinquenzneigung im Jugendalter zusammenhängt und die kummulierte Zahl von romantischen Beziehungen bis zum jungen Erwachsenenalter auch die Delinquenzneigung im jungen Erwachsenenalter vorhersagt (Cui, Ueno, Fincham, Donnellan & Wickrama, 2012).

Der Zusammenhang romantischer Erfahrungen mit Befinden, Verhaltens- und Schulproblemen scheint aber auch von der Art und Qualität der romantischen Erfahrungen abzuhängen: So zeigen Davies und Windle (2000) durch eine Befragung im Jahresabstand, dass das Problemverhalten von Jugendlichen in der mittleren Adoleszenz als Folge von kurzen, wechselnden Partnerschaften (casual dating) ansteigt, während bei Erfahrungen mit festen Partnerschaften das Problemverhalten sogar sinkt. Auch eine andere Studie zeigt, dass eine Überinvolviertheit in romantische Beziehungen mit 16 Jahren, d. h. viele wechselnde Partnerschaften, mit einer geringeren akademischen Leistung und Motivation einhergeht, während sich für die Tiefe der romantischen Erfahrung (romantische Beziehungen von mindestens 2 Monaten vs. kürzere oder keine romantischen Erfahrungen) oder die Qualität der Partnerschaften kein Zusammenhang nachweisen lässt (Zimmer-Gembeck et al., 2001). Längsschnittlich zeigt sich in diesen Daten zwischen 12 und 16 Jahren sogar ein Abfall in der akademischen Leistung und Motivation im Zusammenhang mit der späteren romantischen Überinvolviertheit. Diese Befunde legen zum einen die wichtige Differenzierung in der Art und Qualität romantischer Erfahrungen nahe: Während sich eine Überinvolviertheit in romantische Beziehungen als Risikofaktor für die Entwicklung von Problemverhalten – generell und schulbezogenen – erweist, gehen im Gegensatz dazu tiefe romantische Erfahrungen sowie eine hohe Qualität romantischer Beziehungen mit positiveren Selbsteinschätzungen einher. Zum anderen werfen die Ergebnisse die Frage nach der Richtung der Einflüsse auf: So könnte die romantische Überinvolviertheit eine kontinuierlich maladaptive Entwicklung dieser Jugendlichen widerspiegeln; möglich wäre aber auch ein kompensatorischer Prozess, in dem Jugendliche mit vorhandenen Verhaltens- und Schulproblemen ihr Engagement in romantischen Beziehungen erhöhen und dort nach Erfolgserlebnissen suchen.

Von Interesse ist in diesem Zusammenhang auch die Frage nach Prozessen der Peerselektion, wobei empirische Befunde darauf hinweisen, dass Jugendliche mit Verhaltensproblemen häufiger Dating-Partner/innen wählen, die ebenfalls Verhaltensprobleme aufweisen, was mit einer Verschlimmerung vorhandener Problemlagen verbunden sein könnte (Capaldi & Crosby, 1997; Quinton, Pickles, Maughan & Rutter, 1993). Allerdings lassen sich bezüglich der Schulnoten auch positive Partnerselektionseffekte nachweisen: So zeigen etwa längsschnittliche Befunde, dass die Noten des einen Beziehungspartners/der Beziehungspartnerin positiven Einfluss auf die (späteren) Noten des anderen Beziehungspartners/der Beziehungspartnerin haben (Giordano, Phelps, Manning & Longmore, 2008), sodass auch Peereinflüsse im Sinne einer Notenverbesserung möglich scheinen. Neben diesen Peerselektionsprozessen sind aber auch bestimmte, unmittelbar mit den romantischen Beziehungen verbundene Prozesse und Folgen zu beachten, die Jugendliche in ihrer (schulischen) Entwicklung beeinflussen können: So verbringen Jugendliche einen erheblichen Teil ihrer Freizeit mit dem romantischen Partner/der romantischen Partnerin und investieren viel Emotion und Energie in diesen Bereich, sodass andere Lebensdomänen wie die Schule nur noch nachrangig behandelt werden (z. B. Larson, Clore & Wood, 1999). Alles in allem scheinen Mädchen mehr als Jungen in Bezug auf ihre schulische Leistung und Motivation negativ von der romantischen Überinvolviertheit beeinträchtigt zu werden (Zimmer-Gembeck et al., 2001). Darüber hinaus sind Mädchen stärker unmittelbar von den möglichen Folgen romantischer und sexueller Beziehungen, wie etwa frühen Schwangerschaften, betroffen, die der Studienlage zufolge häufiger bei Mädchen niedriger Bildung oder bei Mädchen in prekären Lebenslagen eintreten (Bundeszentrale für gesundheitliche Aufklärung, 2009).

Insgesamt legt die bisherige Befundlage einen wichtigen Einfluss romantischer Erfahrungen auf Schulleistungen und -erfolg nahe. Aber auch in Bezug auf sexuelle Erfahrungen kann in längsschnittlichen Analysen mit den Daten der Jugendkohorte des Beziehungs- und Familienpanels pairfam aufgezeigt werden, dass ein höheres Alter beim ersten Geschlechtsverkehr einen höheren erreichten Bildungsstand ein und zwei Jahre nach der ersten Befragung vorhersagt (Wendt, 2012). Ein höheres Alter beim ersten Geschlechtsverkehr geht darüber hinaus mit geringeren Schulabbruchraten ein Jahr nach der ersten Befragung einher, nicht aber zwei Jahre später. Damit kann insgesamt belegt werden, dass ein jüngeres Alter beim ersten Geschlechtsverkehr auch Einfluss auf den längerfristigen Erfolg im schulischen Bereich hat. Ein früherer Vollzug von sexuellen Entwicklungsschritten scheint die Bewältigung schulischer Aufgaben zu behindern. Auch weitere Analysen mit den Daten des Beziehungs- und Familienpanels pairfam zeigen, dass Jugendliche mit frühem ersten Geschlechtsverkehr (mit 14 Jahren und früher) mittelfristig nur im Bereich der Bildung eine nachteilige Entwicklung aufweisen und zwei Jahre später ein im Mittel niedrigeres Bildungsniveau im Vergleich zu später sexuell aktiven Jugendlichen (1. GV mit 15 Jahren und später) aufweisen (Wendt & Walper, 2013a). Die beiden Gruppen unterschieden sich jedoch nicht im Hinblick auf Depressivität, Selbstwert, Gesundheitszustand und Lebenszufriedenheit, sodass davon auszugehen ist, dass sich Entwicklungsnachteile für früh sexuell aktive Jugendliche hauptsächlich im Bereich der Bildung ergeben, nicht jedoch im Bereich der psychischen und physischen Befindlichkeit. Alles in allem spricht diese Reihe an Befunden dafür, dass sich romantische und sexuelle

Erfahrungen an und für sich nicht negativ im Hinblick auf den schulischen Erfolg auswirken, sondern dass spezielle Risikofaktoren bei diesen Erfahrungen eine Rolle spielen. Dazu gehören vor allem eine starke Involviertheit in romantische Beziehungen (d. h. kurze wechselnde Beziehungen) sowie ein junges Einstiegsalter bei sexuellen Erfahrungen.

4.7 Trennung und Auflösung von jungen Partnerschaften als Herausforderung

Romantische Erfahrungen im Jugendalter sind leider nicht immer positiv. Für viele Jugendliche besonders belastend ist in diesem Zusammenhang vor allem die Trennung einer Partnerschaft. So gibt es Belege, dass die Trennung einer Partnerschaft der wichtigste Auslöser depressiver Episoden im Jugendalter ist (Monroe, Rohde, Seeley & Lewinsohn, 1999; Miller, 2017). Aber auch jenseits klinisch bedeutsamer depressiver Entwicklungen ist diese Erfahrung für viele Jugendliche eine Herausforderung, bedenkt man doch, dass sich die Copingfähigkeiten für den Umgang mit romantischem Stress erst im Laufe der Entwicklung im Jugendalter verbessern (Nieder & Seiffge-Krenke, 2001; Seiffge-Krenke, Bosma, et al., 2010).

4.7.1 Häufigkeiten von Trennungen im Jugendalter

Betrachtet man Studien zur Dauer romantischer Beziehungen im Jugendalter, so zeigt sich, wie oben berichtet, dass die Beziehungen Jugendlicher im Vergleich zu denen junger Erwachsener von kürzerer Dauer sind und sich häufiger nach einer gewissen Zeit auflösen. Für die USA zeigt sich beispielsweise für die frühe Adoleszenz (13–14 Jahre), dass nach einem Jahr etwa 80 % aller

Partnerschaften getrennt sind, in der mittleren Adoleszenz (15–16 Jahre) etwa 50 % und in der späten Adoleszenz ab 17 Jahren etwa 40 % (Carver et al., 2003). Ähnlich zeigen bundesdeutsche Daten aus dem Beziehungs- und Familienpanel pairfam, dass ein Jahr nach der ersten Befragung 2008/2009 55,3 % der dort befragten Jugendlichen (15–17 Jahre bei der ersten Befragung) von ihrem Partner/ihrer Partnerin wieder getrennt waren, während im jungen Erwachsenenalter (25–27 Jahre) ein Jahr später nur 11,3 % der Paare getrennt waren (Wendt et al., 2013). Bis zur Trennung hat die Partnerschaft der Jugendlichen laut dieser Studie im Durchschnitt 1,5 Jahre (SD=1,2) gedauert, die der jungen Erwachsenen 3,3 Jahre (SD=3,0). Gerade für Jugendliche zeigte sich hier zudem, dass die Beziehungsdauer einen sehr großen Einfluss auf die Trennungswahrscheinlichkeit des jungen Paares hat: Sind die Paare erst einmal 1,5 Jahre oder länger beisammen, sinkt die Trennungswahrscheinlichkeit auch im Jugendalter auf unter 10 %. Ähnliche Befunde zeigte auch eine Studie an einer kleinen Stichprobe von insgesamt 60 Paaren, wo bis zwei Jahre nach der ersten Befragung 30 % der Jugendlichen, aber nur 10 % der jungen Erwachsenen getrennt waren und zudem eine kurze Beziehungsdauer von unter 1,5 Jahren bei den Jugendlichen (nicht aber bei den Erwachsenen) mit einer erhöhten Trennungswahrscheinlichkeit verbunden war (Wendt & Walper, 2008).

Im Jugendalter besteht also vermehrt die Gefahr, dass sich frische Beziehungen nach einer kurzen Phase des Austestens wieder auflösen. Auch Matthiesen (2013) zeigte in einer qualitativen Studie, dass knapp ein Drittel der Jugendlichen (dort 16–19 Jahre alt) eine sogenannte »beziehungsferne Biographie« mit keinen oder nur kurzfristigen Beziehungserfahrungen von unter sechs Monaten aufweist, während nur 1/5 der Jugendlichen eine »Langzeitbeziehungs-Biographie« mit einer Partnerschaft von über zwei Jahren aufweist (ein weiteres Drittel hat eine »seriell-monogame Beziehungsbiographie« mit mindestens zwei sexuell aktiven Beziehungen). Partnerschaftsstabilisierend scheinen dabei neben der Beziehungsdauer, ähnlich wie in den Beziehungen Erwachsener, eine sichere Bindung zum Partner/zur Partnerin (Wendt & Walper, 2008) sowie positive Konfliktlösestile (Wendt, Lux & Walper, 2018) zu sein. Auch ein Interaktionseffekt zwischen Bindung und Beziehungsdauer lässt sich nachweisen (Wendt et al., 2013): So profitieren insbesondere sicher gebundene junge Frauen von ihrer sicheren Bindung an den Partner in längerfristigen Beziehungen von über 1,5 Jahren und haben dann ein besonders niedriges Trennungsrisiko, während Frauen mit unsicherer Bindung auch in längerfristigen Beziehungen ein hohes Trennungsrisiko beibehalten.

Zusammenfassend lässt sich festhalten, dass kurzfristige Partnerschaften sowie die Auflösung von Partnerschaften eine häufige Erfahrung im Jugendalter sind, auch wenn es durchaus Jugendliche gibt, die schon in jungen Jahren stabile Partnerschaften etablieren. Deutlich wird diese Fähigkeit auch bei der Betrachtung der jungen Erwachsenen (25–27 Jahre) im pairfam-Panel (Wendt, 2015): 2008/2009 befragt, waren dort immerhin fast 70 % der jungen Erwachsenen noch mit ihrem ersten festen Partner/ihrer ersten festen Partnerin beisammen, bei ca. 19 % war es der/die zweite feste Partner/in, alle anderen hatten etwas mehr Partnerschaftserfahrung – und diese Partnerschaften haben bei einigen auch schon im Jugendalter begonnen. Die hohe Zahl von Erstpartnerschaften könnte aber bis zu einem gewissen Grad eine retrospektive Selektivität darstellen: Junge Erwachsene, befragt nach ihrer Beziehungsbiographie und den dazugehörigen wichtigen Partnerschaften, filtern möglicherweise kürzere und wahrscheinlich auch weniger bedeutsame Partnerschaften aus ihrem Bericht heraus.

4.7.2 Umgang und Probleme mit Trennungen

Wie aber gehen Jugendliche mit Trennungserfahrungen und den damit meist einhergehenden negativen Emotionen um? Die bisherige Forschung zeigt, dass die Art des Trennungsverlaufs (selbst initiiert oder nicht), Aspekte der Persönlichkeit, der ethnischen

Herkunft und Zusammensetzung des Paares, der vorangegangenen Partnerschaftsqualität oder der Bindung an den Partner/die Partnerin die Reaktion auf und den Umgang mit Trennungserfahrungen moderieren (Ayduk, Downey & Kim, 2001; Choo, Levine & Hatfield, 1996; Monroe et al., 1999; Miller, 2017). So haben Personen, bei welchen die Beziehung auf Initiative des Partners/der Partnerin hin getrennt wurde, häufig eine höhere Belastung nach der Trennung (Wendt, Schmahl & Walper, 2010), häufig geprägt durch intensive Gefühle von Traurigkeit und Ärger (Wendt et al., 2013). Insgesamt scheinen Jugendliche jedoch im Vergleich zu jungen Erwachsenen durch eine Trennung weniger belastet zu sein: So konnten im pairfam-Panel durch Clusteranalysen drei Cluster mit unterschiedlichen Reaktionsweisen auf die Trennung identifiziert werden (Wendt et al., 2013): 1 »Geringe Belastung«, 2 »Hoch in Schuldgefühlen« und 3 »Hoch in Traurigkeit und Ärger«. Jugendliche fanden sich dabei häufiger als erwartet im Cluster 1 »Geringe Belastung«, junge Erwachsene häufiger im Cluster 3 »Hoch in Traurigkeit und Ärger«. Auch eine andere Auswertung zeigt, dass Jugendliche weniger häufig in einer Gruppe mit hohem Distress, der sich durch Traurigkeit, Ärger und Schuldgefühle auszeichnet, zu finden sind als junge Erwachsene (Wendt, Schmahl, et al., 2010). Deutlich wird eine eher moderate Belastung im Jugendalter auch anhand der Dauer, die Jugendliche durchschnittlich für ihren »Liebeskummer« angeben: Mädchen leiden laut der BRAVO-Studie (2009) im Durchschnitt 48 Tage daran, Jungen 30 Tage. Kaum denkbar, dass Erwachsene nach der Trennung einer langfristigen Partnerschaft nur etwa einen Monat belastet sind. So ist bei jungen Erwachsenen auch die Wahrscheinlichkeit einer neuen Partnerschaft nach einer Trennung von der Belastung abhängig und bei hoher Belastung weniger wahrscheinlich, während sich bei Jugendlichen die Stärke der Belastung nicht signifikant darauf auswirkt, ob sie nach der Trennung eine neue Beziehung eingehen oder nicht: Sowohl wenig als auch viel belastete Jugendliche haben bis zur nächsten Befragung maximal ein Jahr später zu einem etwa gleichen Prozentsatz von ca. 30 % eine neue Partnerschaft aufgebaut (Wendt, Schmahl, et al., 2010).

Auf qualitativer Ebene werden jedoch die mit einer Trennung verbundenen intensiven Gefühle bei Jugendlichen deutlicher (BRAVO-Studie, 2009): Bei den Mädchen gaben 49 % an, dass sie sich bei Liebeskummer »sehr traurig, unglücklich« fühlten, dass es »sehr wehgetan« habe (33 %), dass sie an Minderwertigkeitsgefühlen und Einsamkeit litten (30), weinen mussten (20 %) und ein Gefühlschaos herrschte (»konnte nur noch an ihn denken«, 19 %). Die häufigsten beschriebenen Gefühle der Jungen waren »Es hat sehr wehgetan« (39 %) und »Ich war sehr traurig, unglücklich« (36 %), »Gefühlschaos, konnte nur noch an sie denken« (16 %) und »Ich war wütend, sauer« (15 %). Parallel dazu spiegeln auch die Probleme, die Jugendliche am Verliebtsein sehen, v. a. Probleme mit Verletzungen und Kummer wieder (BRAVO-Studie, 2009): So sagen 26 % der befragten 11- bis 17-Jährigen auf die Frage, was am Verliebtsein weniger schön sei, wenn die Liebe nicht erwidert wird, dass man verletzt werden kann (10 %), man nicht mehr denken kann (6 %), man Liebeskummer hat (5 %), man sich streitet (4 %) und schlussgemacht wird (4 %). Nur zwei Antworten drehten sich um Bedenken bei der Beziehungsgestaltung selbst (dass man keine Freiheiten mehr habe (5 %) und man für nichts mehr Zeit habe (4 %)). Das Gros der Bedenken dreht sich um Gefühle bei Ablehnung und Trennung. Und, wie berichtet, gilt bei Jugendlichen eine Trennung einer Partnerschaft als der wichtigste Auslöser einer Episode einer Major Depression (Wendt, Schmahl, et al., 2010), d. h. für entsprechend veranlagte Jugendliche ist eine Trennung durchaus ein einschneidendes Lebensereignis.

Die Literatur zu Trennungsfolgen zeigt, dass maßgeblichen Einfluss auf die Verarbeitung einer Trennung die Initiative bei der Trennung hat: Liegt die Initiative bei der eigenen Person, haben die Betroffenen im Allgemeinen weniger Kummer und Ärger, teils jedoch häufig Schuldgefühle (Wendt et al., 2013). Insgesamt scheint die Belastung größer zu sein, wenn der Partner/die Partnerin die Beziehung beendet, aber auch die Dauer seit dem Beziehungsende hat bei Jugendlichen Einfluss auf die Trennungsverarbeitung mit weniger Belastung, wenn die Trennung schon länger zurück liegt (Wendt, Schmahl, et al., 2010).

Neben der Frage, ob die Trennung selbst initiiert oder durch den Partner/die Partnerin forciert wurde, scheinen aber auch Persönlichkeitsfaktoren eine Rolle zu spielen. Von besonderem Interesse ist in diesem Zusammenhang die Sensitivität für Zurückweisung (Rejection Sensitivity), also die Tendenz, schon geringe oder eingebildete Hinweise einer Ablehnung durch andere Personen wahrzunehmen (Downey & Feldman, 1996). Diese Sensitivität für Zurückweisung scheint aber auch die Verarbeitung von Trennungserfahrungen zu beeinflussen. So zeigte sich in einer Studie zum Zusammenhang von Trennungserfahrungen und Depressivität, dass vor allem Frauen mit hoher Sensitivität für Zurückweisung depressiv reagieren, wenn sie eine vom Partner initiierte Trennung erleben (Ayduk, Downey & Kim, 2001).

Insgesamt ist jedoch die Frage, wie sich frühe Trennungserfahrungen auf die Befindlichkeit Jugendlicher – und möglicherweise auch auf spätere Partnerschaftsbeziehungen – auswirken, noch weitgehend ungeklärt. Bedenkt man, dass Copingfähigkeiten im Umgang mit romantischem Stress mit zunehmendem Alter steigen (Nieder & Seiffge-Krenke, 2001; Seiffge-Krenke, Bosma, et al., 2010), könnten auch altersgradierte Unterschiede in der Bewältigung von Trennungserfahrungen bestehen. Nicht zuletzt dürften sich die Bewältigungskompetenzen, vor allem die Fähigkeit zur Emotionsregulation, als wichtiger Einflussfaktor auf den Umgang mit Trennungserfahrungen erweisen: So stehen in einer japanischen Stichprobe negative Copingstrategien im Umgang mit der Trennung wie Nachtrauern oder Nachtragen im Zusammenhang mit schlechtem psychischem Befinden bei jungen Erwachsenen (Kato, 2005).

Eine Trennung einer Partnerschaft im Jugendalter (ebenso im Erwachsenenalter) kann aber auch ein wichtiger Schritt sein, um sich aus einer Partnerschaft wieder zu lösen, insbesondere aus ungesunden Partnerschaften mit Dynamiken von Abhängigkeit, Eifersucht oder gar Gewalt (► Kap. 4.8). Analysen mit dem Beziehungs- und Familienpanel pairfam zeigen hier beispielsweise, dass Jugendliche in einer Beziehung, in der es zu handgreiflichen Auseinandersetzungen kam, eine höhere Trennungswahrscheinlichkeit haben (Wendt, Lux & Walper, 2015; Lux, Wendt, Kindler & Walper, 2017). Positiv betrachtet bedeutet dies, dass Jugendliche eine solche dysfunktionale Beziehung eher auflösen. Weitere Schutzfaktoren in diesem Prozess scheinen zum einen eine enge Verbundenheit mit den Eltern zu sein, was die Trennung aus einer solchen gewalttätigen, dysfunktionalen Beziehung noch wahrscheinlicher macht, zum anderen eine hohe emotionale Unabhängigkeit vom Partner/von der Partnerin (hier gemessen als geringe Angst vor Vereinnahmung gegenüber dem Partner/der Partnerin) (Wendt et al., 2015). Auch Präventionsangebote zum Umgang mit Gewalt in jungen Paarbeziehungen greifen genau diesen Aspekt auf, indem Jugendliche geschult werden, Beziehungsdynamiken von Abhängigkeit, Angst, Abwertung und Gewalt zu erkennen und Wissen und Fertigkeiten aufzubauen, wie man sich aus einer solchen Partnerschaft wieder lösen kann (z. B. Deutscher Paritätischer Wohlfahrtsverband, 2010).

4.8 Gewalterfahrungen/Teen Dating Violence in romantischen Beziehungen

Wie bereits am Ende des vorangegangenen Kapitels angerissen, werden auch einige Jugendliche in ihren ersten romantischen oder sexuellen Beziehungen Opfer negativer Erfahrungen von psychischer, physischer oder sexueller Gewalt. Unter *psychischer Gewalt*, auch als psychologische oder emotionale Gewalt oder emotionaler Missbrauch bezeichnet, sind dabei Drohungen gegenüber dem Partner/der Partnerin oder die Herabsetzung des Selbstwertgefühls des Partners/der Partnerin zu verstehen, etwa durch Schimpfwörter, beschämende Ausdrücke, manipulierendes, kontrollierendes und/oder isolierendes Verhalten (z. B. von Freunden fernhalten) (Center for Disease Control and Prevention, 2016a; Barter, 2009). *Physische Gewalt* bezeichnet alle Formen physischer Übergriffe wie Quetschen, Schlagen, Schubsen, Ohrfeigen, Faustschläge, Tritte, etc. Als *sexuelle Gewalt* werden alle Formen bezeichnet, in welchen es zu sexuellen Handlungen kommt, obwohl eine Person dies nicht möchte, bedingt durch physische Einwirkungen, aber auch durch nichtphysische Einflüsse wie psychologischem Druck oder Drohungen (Barter, 2009). Teils wird auch *Stalking* zu diesen Formen von Gewalt gezählt, das ein Muster von belästigendem und bedrohendem Verhalten gegenüber dem Opfer umfasst (Center for Disease Control and Prevention, 2016a). Im Jugendalter wird international häufig von »Teen Dating Violence« gesprochen, als besondere Form von Partnerschaftsgewalt in den Beziehungen Jugendlicher (Partnerschaftsgewalt international auch »Intimate Partner Violence«/IPV) (Center for Disease Control and Prevention, 2016a). Der Begriff trägt zum einen der Natur von Beziehungen im Jugendalter Rechnung, die häufig noch nicht langfristig ausgerichtet sind (also keine »Partnerschaft«, sondern eher ein »Date« sind), beinhaltet zum anderen aber auch einen Hinweis darauf, dass Übergriffe teilweise auch schon beim ersten »Date« vorkommen.

Je nach Definition und Gewaltform finden sich sehr unterschiedliche Angaben zu den Prävalenzen in verschiedenen Studien. US-Studien zufolge erleiden dort im Alter von 11 bis 17 Jahren 21 % der Mädchen und 10 % der Jungen physische und/oder sexuelle Gewalt durch einen Dating Partner (Center for Disease Control and Prevention, 2016a). Andere Studien sprechen von bis zu 40 % der amerikanischen Jugendlichen, die Opfer von Gewalt im Kontext einer romantischen Beziehung werden (Halpern, Spriggs, Martin & Kupper, 2009), sowie 25 % der Jugendlichen, die Opfer von »cyber dating abuse« werden, also Missbrauchserfahrungen über Internet und soziale Medien machen (Zweig, Dank, Yahner & Lachman, 2013) (siehe Steinberg, 2017, S. 287). Und weiterhin erleben unter den Opfern von Vergewaltigung, physischer Gewalt und/oder Stalking durch einen intimen Partner/eine intime Partnerin beinahe ein Fünftel diese bereits im Jugendalter zwischen 11 und 17 Jahren zum ersten Mal (Center for Disease Control and Prevention, 2016a).

Hierzulande wurde u. a. in der Studie Jugendsexualität 2015 anhand einer repräsentativen Studie das Vorkommen *sexueller Gewalt* untersucht, indem den befragten Jugendlichen und jungen Erwachsenen zwischen 14 und 25 Jahren die folgende Frage nach sexuellem Druck, verübt durch einen männlichen Täter, gestellt wurde: »Hat ein Junge oder Mann schon einmal versucht, Sie gegen Ihren Willen zu Sex oder Zärtlichkeiten zu bringen, indem er Sie unter Druck gesetzt hat?« (Bode & Heßling, 2015, S. 196). Insgesamt 20 % der Mädchen deutscher Herkunft und 22 % der Mädchen mit Migrationshintergrund bejahen diese Frage, bei den Jungen sind es 4 % der Jungen deutscher Herkunft bzw. 6 % der Jungen mit Migrationshintergrund (Bode & Heßling, 2015). Obwohl im Durchschnitt insgesamt vergleichsweise wenige Jungen über das Erleben sexuellen Zwangs berichten, sind gleichgeschlechtlich und bisexuell orientierte Jungen mit einer Häufigkeit von 21 % genauso häufig betroffen wie Mädchen. Bei einem Drittel der betroffenen Mädchen kam es dabei zu körperlichen Berührungen (Küssen, Petting), bei 26 % zum Geschlechtsverkehr, bei 10 % zu anderen sexuellen Handlungen und 50 % konnten sich dem Zwang entziehen und sich wehren, während sich die kleine Gruppe der gleichgeschlechtlich oder bisexuell orientierten Jungen den Übergriffen nur selten entziehen kann. Die am häufigsten genannten Täterkreise sind ein Partner bzw. Ex-Partner in einer Beziehung sowie ein neuer Bekannter, bei den gleichgeschlechtlich und bisexuell orientierten Jungen v. a. neue Bekanntschaften. Auch international werden diese beiden Täterkreise als die häufigsten bestätigt, während Übergriffe durch Familienmitglieder, Autoritätspersonen (etwa Lehrer) oder Fremde im Verhältnis seltener vorkommen (Breiding et al., 2014). Erhöhte Raten für das Erleben sexuellen Drucks finden sich laut der Studie Jugendsexualität vor allem bei Mädchen, die bereits Erfahrung mit Geschlechtsverkehr haben, einen frühen ersten Geschlechtsverkehr mit 14 Jahren und früher erlebt haben, in der Gruppe der älteren befragten Mädchen (18 bis 25 Jahre) (allesamt Gruppen mit wahrscheinlich insgesamt mehr erlebten sexuellen Situationen), bei Mädchen, die den Partner beim ersten Geschlechtsverkehr kaum bis gar nicht kannten sowie bei Mädchen mit schlechtem Körperselbstbild, während sich bei Jungen bis auf die gleichgeschlechtliche oder bisexuelle Orientierung keine eindeutigen Risikokonstellationen nachweisen lassen.

Laut einer weiteren repräsentativen Untersuchung, durchgeführt durch das Deutsche Jugendinstitut, bei welcher insgesamt 4.334 Neuntklässler in Deutschland befragt wurden, berichteten insgesamt 59 % der dort befragten Jugendlichen über mindestens eine Situation während der letzten drei Jahre, in welcher sie *sexuelle Gewalt* erlebt haben (66 % Mädchen, 52 % Jungen) (Hofherr, 2017; Hofherr & Kindler, 2018). Die Studie erfragte dabei eine größere Bandbreite an sexueller Gewalt, wie sie auch in Abbildung 1 dargestellt ist. Bei den ersten beiden Formen sexueller Gewalt in Abbildung 1 handelt es sich um Gewalt mit Körperkontakt (»Zwang zu sexuellen Handlungen«, »Bedrängen«), bei »Konfrontation mit Pornographie« und »Exhibitionismus« um Gewalt ohne Körperkontakt und bei »Sexueller Belästigung«, »Gerüchte verbreiten« und »Witze über den Körper« um Formen verbaler Belästigung. Formen von verbaler Belästigung sind dabei mit Abstand am häufigsten nachweisbar.

Im Hinblick auf Gruppenunterschiede sind in dieser Studie vor allem die Befunde in Bezug auf die erlebten Übergriffe mit Körperkontakt auffällig, die von Mädchen signifikant häufiger berichtet werden als von Jungen, sowie von Jugendlichen mit Migrationshintergrund und Jugendlichen auf niedrigeren Schultypen (Hofherr, 2017). Parallel zu den Befunden aus der Studie Jugendsexualität ist die Wahrscheinlichkeit von berichteten körperlichen Übergriffen bei Jugendlichen ab ca. 16 Jahren im Vergleich zu jüngeren Befragten erhöht. Die am häufigsten genannten Täterkreise sind mit Ab-

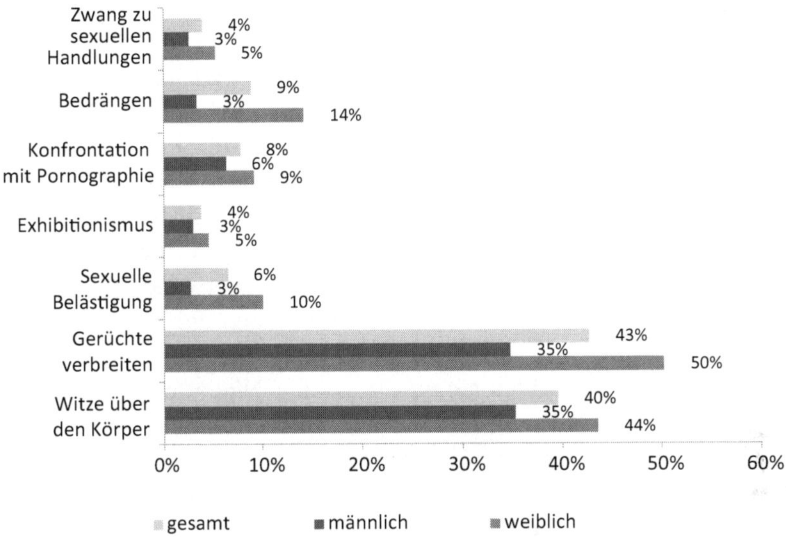

Abb. 1: Sexuelle Gewalterfahrungen innerhalb der letzten 3 Jahre (n=4.265), Daten aus der DJI-Studie »Wissen von Schülerinnen und Schülern über sexuelle Gewalt in pädagogischen Kontexten« (Quelle der Abbildung: Hofherr, 2017, S. 10)

stand Mitschüler/innen, und zwar bei allen drei Typen von Gewalt (verbale Belästigung 76 %, ohne Körperkontakt 66 %, mit Körperkontakt 74 %), mit einigem Abstand gefolgt von anderen Täterkreisen wie »sonstige Jugendliche« oder »unbekannte Personen« (Häufigkeiten zw. 10 % und 22 %).

Eine Meta-Analyse von Krahé und Kolleginnen über 113 europäische Studien zeigt für 27 EU-Länder für Jugendliche und junge Erwachsene von 12–25 Jahren einen weiten Range in der Lebenszeitprävalenz für das Erleben sexueller Gewalt (hier »sexual aggression«) für Mädchen von 9–83 % sowie für Jungen von 2–66 % (jeweils ausgeschlossen sexueller Missbrauch während der Kindheit) (Krahé, Tomaszewska, Kuyper & Vanwesenbeeck, 2014). »Sexual aggression« wurde hierbei definiert als »behavior carried out with the intent or result of making another person engage in sexual activity or sexual communication despite his or her unwillingness to do so« (Krahé et al., 2014, S. 546). Die Metaanalyse enthält auch einige Studien, die verbale Übergriffe als eigene Kategorie auswiesen. Für Mädchen finden sich in den Ländern Niederlande, Deutschland, Schweden und Spanien die höchsten Raten für das Erleben sexueller Aggression mit einer Lebenszeitprävalenz von über 50 % (Deutschland 63,5 %) (Krahé et al., 2014). Die niedrigsten Raten von unter 10 % Lebenszeitprävalenz finden sich europaweit bei den Mädchen in Belgien, Bulgarien, Frankreich und Polen. Die Autoren betonen jedoch, dass die Zahlen auch abhängig von den zugrundeliegenden Studien sind: So sind die besonders hohen Zahlen für die vier oben genannten Länder Niederlande, Deutschland, Spanien und Schweden auch dadurch bedingt, dass für diese Länder speziell auch Studien vorlagen, die nicht-körperliche sexuelle Übergriffe, etwa durch verbale Manipulation, einbezogen. Parallel finden sich auch für Jungen besonders in diesen Ländern die höchsten Raten für das Erleben sexueller Aggression als Lebenszeitprävalenz mit Werten von 45 bis 66,3 % in Deutschland, Schweden und den Niederlanden. Insgesamt erschwert die Heterogenität der Definitionen und genutzten Erhebungsinstrumente für sexuelle Aggression einen Vergleich der Werte, dokumentiert aber auch die Bandbreite an möglichen negativen Erfahrungen, denen junge Menschen ausgesetzt sein können. Bezogen auf das Erleben schwerer sexueller Übergriffe zeigt sich für Deutschland für Mädchen eine Rate von 5,9 % mit vollzogenem Geschlechtsverkehr unter Gewaltanwendung sowie von 28,9 % für unerwünschte Sexualkontakte durch die Androhung von Gewalt oder die Ausnutzung der Wehrlosigkeit des Opfers (Krahé et al., 2014).

Häufig ist eine Partnerschaft der Kontext, in welchem es zu gewalttätigen Übergriffen kommt. So zeigt eine Studie des BMFSFJ (2013), dass etwa 25 % der Frauen in Deutschland im Alter von 16 bis 85 Jahren über das Vorkommen körperlicher oder/und sexueller Gewalt seit ihrem 16. Lebensjahr durch einen aktuellen oder früheren Beziehungspartner berichten, wobei das Erleben körperlicher Gewalt mit 23 % häufiger ist als das sexueller Gewalt

(7 %). Auch die Schülerbefragung von etwa 2500 Schüler/innen im Alter von 14 bis 16 Jahren in Hessen zeigte (Maschke & Stecher, 2017), dass 28,2 % der von nicht-körperlich sexualisierter Gewalt betroffenen Jugendlichen den Freund/die Freundin als Täter angaben, bei körperlich sexualisierter Gewalt sogar 32,1 %. Ebenso weist Hellmann (2014) bezogen auf das Erleben häuslicher Gewalt nach, dass bei gut einem Viertel (26,7 %) der von häuslicher Gewalt betroffenen Personen zwischen 16 und 40 Jahren der Täter der Partner bzw. die Partnerin ist. Hohe Werte im Hinblick auf das Vorkommen *körperlicher Gewalt* in Beziehungen finden sich auch in jüngeren US-amerikanischen Stichproben von Jugendlichen, mit 10–48 % der Jugendlichen, die von Erfahrungen mit körperlicher Gewalt in Beziehungen berichten, sowie 25–50 %, die von *psychologischer Gewalt* berichten (Collins, Welsh & Furman, 2009). Barter (2009) gibt in einem Überblicksartikel an, dass laut US-Studien ein Drittel bis die Hälfte aller Mädchen und Jungen verschiedene Formen von Gewalt *durch den Partner/die Partnerin* erleben, wobei in den USA laut Steinberg (2017) Jungen und Mädchen insgesamt ähnlich häufig Opfer von Gewalt in Datingbeziehungen werden (siehe auch Collins, Welsh & Fuman, 2009). Auch hierzulande weisen Studien auf eine bemerkenswerte Anzahl von Partnerschaften hin, in welchen Mädchen einseitig psychische oder physische Gewalt ausüben, ohne dass der Partner diese mit Gegengewalt beantwortet (Seiffge-Krenke & Burk, 2016). Geschlechtsspezifisch finden sich jedoch Unterschiede in Bezug auf den instrumentellen Einsatz von Gewalt: Mädchen werden insgesamt häufiger gewalttätig, um sich zu verteidigen oder als Reaktion auf Übergriffe des Partners (fighting back), während Jungen häufiger Gewalt einsetzen, um Kontrolle über die Partnerin zu gewinnen (Barter, 2009). Parallel hierzu erleiden Mädchen häufiger schwerere Formen von Gewalt, stärkere physische Verletzungen und entwickeln mehr Angst vor dem Partner als betroffene Jungen (Barter, 2009). Darüber hinaus unterscheiden sich offenbar geschlechtsspezifisch die Trajektorien, also vorausgehenden Lerneinflüsse, für gewalttätiges Verhalten: Bei Jungen sind negative Erfah-

rungen in der Familie in Form elterlicher Konflikte oder negative Einstellungen gegenüber Mädchen in der Peergruppe ein stärker auslösender Faktor für aggressives Verhalten als bei Mädchen.

Psychische Gewalt (auch psychologische oder emotionale Gewalt oder emotionaler Missbrauch genannt) kommt häufig begleitend zu Formen physischer und sexueller Gewalt vor, ist jedoch auch als isolierte Form der Gewalt nachweisbar (Barter, 2009). Obwohl sich insgesamt deutlich weniger Studien mit dieser Form der Gewalt auseinandersetzen, dürfte sie aufgrund ihrer Bandbreite an Erscheinungsformen und der Verbindung zu anderen Formen der Gewalt die am stärksten verbreitete Gewaltform sein, wobei von Prävalenzen von bis zu 90 % der Partnerschaften berichtet wird (Barter, 2009). Bezogen auf isolierendes und kontrollierendes Verhalten als Teilform psychischer Gewalt finden sich Prävalenzen von bis zu einem Viertel der befragten Jugendlichen (Sanders, 2003). Da viele Prozesse emotionalen Missbrauchs in intimen Beziehungen jedoch subtil ablaufen, erkennen gerade Opfer im Jugendalter diese schlechter als Erwachsene (Barter, 2009), die Auswirkungen werden jedoch häufig als ähnlich belastend wie physische Übergriffe beschrieben (Lavoie, Robitaille & Hébert, 2000).

Ein besonders hohes Risiko für die Ausübung von Gewalt gegenüber einem romantischen Partner/einer romantischen Partnerin haben Jugendliche mit einer akzeptierenden Einstellung gegenüber Gewalt in Beziehungen, Jugendliche, die an Depressionen, Ängsten oder den Auswirkungen von Traumata leiden, Jugendliche mit aggressivem Verhalten gegenüber Peers sowie gewalttätigen Freunden/-innen, Jugendliche mit Substanzgebrauch, früher sexueller Aktivität und vielen Sexualpartnern/-innen, Jugendliche mit vielen Konflikten in der Partnerschaft sowie Jugendliche, welche zu Hause Gewalt in der Herkunftsfamilie erlebten oder beobachteten (Vagi et al., 2013; auch Hare et al., 2009; Lee, Begun, DePrince & Chu, 2016; Godbout et al., 2016). Auch Bindungsängste und -unsicherheiten gegenüber den Eltern sowie in der Beziehung zum Partner/zur Partnerin scheinen mit mehr handgreiflichen Auseinandersetzungen in jungen Paarbeziehungen einherzugehen (Lux et al., 2017; Wendt et al., 2015). Darüber hinaus findet sich laut US-Studien ein erhöhtes Risiko für Dating Violence in ländlichen Gegenden, unter ethnischen Minoritäten, bei Jugendlichen aus alleinerziehenden Haushalten und Haushalten mit niedrigem sozioökonomischem Status sowie bei LSBTQ-Jugendlichen (Steinberg, 2017, S. 288).

Als eine weitere Risikoquelle für das Erleben sexueller Gewalt erwies sich die uneindeutige Kommunikation sexueller Absichten in sexuellen Situationen, wobei hierbei insbesondere zwei Formen unterschieden werden (Krahé, Scheinberger-Olwig & Kolpin, 2000): Zum einen das Token Resistance-Verhalten, welches vereinfacht ausgedrückt bedeutet, »nein« zu einem sexuellen Kontakt zu sagen, obwohl man »ja« meint. Es stellt ein Zurückweisungsverhalten dar, obwohl Bereitschaft zum sexuellen Kontakt besteht. In Umkehrung ist das sogenannte Compliance-Verhalten eine Einwilligung in ungewollte sexuelle Kontakte, also »ja« zu sagen, obwohl man »nein« meint. Beide Formen der uneindeutigen Kommunikation sexueller Absichten konnten als Risikofaktoren für das Erleben sexueller Gewalt identifiziert werden (Krahé et al., 2000; Shotland & Hunter, 1995). Aber auch das Ausüben sexueller Gewalt hängt mit der eigenen uneindeutigen Kommunikation sexueller Absichten oder der Wahrnehmung bzw. Interpretation von Uneindeutigkeit beim Sexualpartner/bei der Sexualpartnerin zusammen (Krahé et al., 2000; Krahé & Scheinberger-Olwig, 2002). Uneindeutige Kommunikation sexueller Absichten führt in sexuellen Situationen dazu, dass dem Sexualpartner/der Sexualpartnerin sexuelle Wünsche nicht eindeutig und direkt verständlich gemacht werden, wodurch die Botschaften nur erschwert interpretiert werden können und deshalb u. U. übergangen und missachtet werden, oder das Verhalten entsprechend akzeptierter Geschlechtsrollenstereotype, welche v. a. der Frau eine »sich zierende« und nachgebende Rolle zuweisen, interpretiert wird (Krahé, Bieneck & Scheinberger-Olwig, 2004; Krahé, Bieneck & Scheinberger-Olwig, 2007).

Die Auswirkungen von Gewalt in jungen Partnerschaften sind indes frappierend. So finden sich erhöhte Raten von Depressionen, Ängsten, Substanzmissbrauch und Suizidversuchen (Black et al., 2010; Foshee, McNaughton Reyes, Gottfredson, Chang & Ennett, 2013; Roberts, Klein & Fisher, 2003), darüber hinaus auch erhöhte Raten von Teenagerschwangerschaften und Schulabbrüchen (siehe Steinberg, 2017, S. 288). In der Selbstbeschreibung äußert mindestens ein Viertel der von körperlich sexualisierter Gewalt Betroffenen, oft oder sehr oft geweint zu haben, Sorgen und Ängste gehabt, sich geschämt oder anderen misstraut zu haben, und bei der Hälfte dieser Betroffenen dauerten diese Folgen bis zu drei Monate und länger an (Maschke & Stecher, 2017).

Viele Jugendliche scheinen auch das Vertrauen in das Gelingen von romantischen und sexuellen Beziehungen zu verlieren: So finden sich unter denjenigen Jugendlichen, die weitere sexuelle und romantische Erfahrungen trotz vorbestehender Erfahrenheit vermeiden, überzufällig häufig Jugendliche, die sexuellen Zwang erlebt hatten (Byers, O'Sullivan & Brotto, 2016). Viele der angesprochenen Probleme bestehen bis ins Erwachsenenalter fort (Adam et al., 2011). Wer als Jugendlicher oder Jugendliche Gewalt in einer Paarbeziehung erlebt, ist auch häufiger in späteren Beziehungen davon betroffen (Smith, White & Holland, 2003; Cui, Ueno, Gordon & Fincham, 2013). Partnerschaften unter Jugendlichen (hier 16 bis 18 Jahre), in welchen beide Partner/innen psychische und/oder physische Aggressionen aufweisen, haben eine geringe Beziehungsqualität, feststellbar etwa an wenig unterstützenden, vertrauensvollen Beziehungen sowie hohen Konfliktraten und mangelhaften Bewältigungsfertigkeiten (Seiffge-Krenke & Burk, 2016). Handgreifliche Auseinandersetzungen in der Partnerschaft stehen auch mit einer stärkeren unsicheren Bindung und mehr Angst vor Vereinnahmung gegenüber dem Partner/der Partnerin in Verbindung (Lux et al., 2017; Wendt et al., 2015).

Nur wenige Opfer von Gewalt im Jugendalter sprechen über ihre Gewalterfahrungen (Barter, 2009). Eine ältere Studie verweist darauf, dass v. a. Übergriffe während eines »Dates«, also mit einer neuen Bekanntschaft, nicht berichtet werden (Vicary, Klingaman & Harkness, 1995). Auch die Studie Jugendsexualität zeigt, dass immerhin ein Viertel der betroffenen Mädchen mit niemandem über den erlebten sexuellen Druck spricht (Bode & Heßling, 2015). Jeweils etwa 1/6 der betroffenen Mädchen spricht Tage, Wochen/Monate oder gar erst Jahre später mit jemandem darüber, 1/3 direkt danach (Bode & Heßling, 2015). Die Hauptansprechpartner/innen sind bei 76 % der Betroffenen gleichaltrige Freunde/-innen, bei 30 % Mutter oder Vater, und bei 15 % der (damalige) Partner/die (damalige) Partnerin (ähnliche Befunde auch in Maschke & Stecher, 2017). Die Schülerbefragung des Deutschen Jugendinstituts zu sexueller Gewalt an Schulen zeigt darüber hinaus, dass Jugendliche ihre sexuellen Gewalterfahrungen gegenüber dem Schulpersonal besonders dann offenlegen, wenn das Schulpersonal Fortbildungen zum Thema sexuelle Gewalt erhalten hatte (Hofherr & Kindler, 2018).

Wie vorhandene Präventionsprojekte zeigen, ist es zur Gewaltprävention besonders wichtig, den Jugendlichen in entsprechenden Programmen zu vermitteln, wie sie Anzeichen von Missbrauch und Gewalt bei sich oder auch in Beziehungen von Freunden/-innen erkennen und an wen sie sich dann ggf. wenden können. Ein Programm, das diese Aspekte aufgreift, ist das Heartbeat-Programm (Deutscher Paritätischer Wohlfahrtsverband, 2010), welches im Kapitel »Prävention« (▸ Kap. 7) genauer dargestellt wird. Die Forschung zeigt dabei, dass es im Hinblick auf die Prävention von Gewalterfahrungen besonders wichtig ist, dass Jugendliche Präventionsprogramme hoher Qualität durchlaufen, während Programme niedriger Qualität keinen positiven präventiven Einfluss haben (Finkelhor, Vanderminden, Turner, Shattuck & Hamby, 2014). Programme hoher Qualität garantieren dabei auch am besten, dass die Jugendlichen ihre Gewalterfahrungen offenlegen.

5

Die Verzahnung der Entwicklungsaufgaben Liebesbeziehungen und Sexualität

Die Bewältigung der beiden Entwicklungsaufgaben »Aufnahme erster Partnerschaften« und »Umgang mit Sexualität erlernen« erfolgt bei den meisten Jugendlichen nicht unabhängig voneinander – beide Aufgaben sind in der Regel eng mit einander verknüpft. Deutlich wird dies beispielsweise an den oben beschriebenen Entwicklungsschritten: In der Entwicklungssequenz kommt es bei vielen Jugendlichen nach dem ersten Verliebtsein zur Aufnahme erster Partnerschaften und quasi zeitgleich zu den ersten intensiveren sexuellen Erfahrungen (Silbereisen & Wiesner, 1999). Auch Miller und Benson (1999) sprechen davon, dass die Entwicklung in beiden Bereichen Hand in Hand verlaufe, denn meist sind enge romantische Beziehungen der Kontext, in welchen es dann zu intensiveren sexuellen Erfahrungen komme.

Anhand vorhandener empirischer Daten lässt sich belegen, dass trotz der offenkundigen Liberalisierung des Sexualverhaltens im Hinblick auf die Akzeptanz außerehelicher Sexualkontakte seit den 1960er Jahren die große Mehrheit aller Sexualkontakte nach wie vor im Rahmen einer festen, emotionalen Beziehung bzw. Partnerschaft stattfinden. Dieser Umstand lässt sich für Jugendliche und Erwachsene gleichermaßen aufzeigen (z. B. Christopher & Sprecher, 2000; Schmidt, 1993; Schmidt, 2000).

Laut der Studie Jugendsexualität 2015 der BZgA sind bei den 14- bis 17-Jährigen 73 % der Mädchen und 61 % der Jungen (jeweils deutscher Herkunft) mit dem Partner/der Partnerin, mit dem sie ihr »erstes Mal« erleben, fest befreundet (Bode & Heßling, 2015, S. 130). Bei den Jugendlichen mit Migrationshintergrund sind es bei den Mädchen 71 % (vergleichbar mit den deutschen Mädchen), aber nur 42 % der Jungen (deutlich niedriger als bei den deutschen Jungen). Insgesamt haben, verglichen mit Zahlen aus dem Jahr 2009, die Anteile in allen Gruppen um bis zu 9 % zugenommen (Ausnahme Jungen mit Migrationshintergrund), das heißt verallgemeinert gesprochen, dass immer mehr Jugendliche den ersten Geschlechtsverkehr in fester Partnerschaft erleben. Und auch befragt nach ihren Einstellungen präferiert die Mehrzahl von Jugendlichen in der Tat eine feste Partnerschaft, die auch sexuellen Kontakt einschließt, während sich nur wenige Jugendliche eine sexuelle Beziehung ohne feste Partnerschaft wünschen (Plies et al., 1999).

Die enge Verbindung von sexueller und emotionaler Beziehungsentwicklung zeigt sich in diesem Alter aber auch daran, dass der Anteil an sexuell aktiven Jugendlichen besonders in der Altersgruppe ab 18 Jahren stark ansteigt, in der gleichzeitig auch eine verstärkte Aufnahme von festen Partnerschaften feststellbar ist (Carver et al., 2003). Damit ist im Jugendalter eine deutliche Ko-Intensivierung der emotionalen und sexuellen Beziehungsaspekte innerhalb fester Partnerschaften nachweisbar (vgl. Wendt, 2009): Je ernster und dauerhafter eine Partnerschaft im Jugendalter wird, desto höher ist die Wahrscheinlichkeit, dass es in diesen Beziehungen zu intensiveren sexuellen Erfahrungen und schließlich auch zum Geschlechtsverkehr kommt (vgl. Miller & Benson, 1999).

Welche Konsequenzen hat aber die Wahl eines eher fremden oder eines festen Partners bzw. einer fremden oder festen Partnerin auf das Erleben des ersten Mals? Vor allem für Mädchen ist im Jugendalter emotionale Nähe und Intimität zum Partner häufig die Voraussetzung für eine sexuelle Beziehung (Wendt, 2009). Aus der Sicht vieler Mädchen fand der erste Koitus in der aktuellen Partnerschaft zu früh statt (Bode & Heßling, 2015; Schmidt, 1993) – ein Hinweis darauf, dass Mädchen möglicherweise erst die emotionale Beziehung intensivieren möchten, bevor es zum Koitus mit einem neuen Partner kommt (vgl. Wendt, 2009). Und auch die oben berichteten Zahlen zum ersten Geschlechtsverkehr innerhalb oder außerhalb einer festen Partnerschaft belegen einen gewissen Geschlechtsunterschied mit höheren Präferenzen einer festen Partnerschaft bei den Mädchen. Befragt nach dem Erleben ihres »ersten Mals«, hat auch hier für Mädchen die Rahmung dieses Ereignisses in einer festen Partnerschaft eine höhere Bedeutung als bei Jungen (Bode & Heßling, 2015, S. 133): Wird das erste Mal bei den Mädchen in einer festen Beziehung erlebt, wird es mit höherer Wahrscheinlichkeit als »etwas Schönes« erlebt, während mit einem kaum oder gar nicht bekannten Partner die Empfindungen »war etwas Unangenehmes« und »nichts Besonderes« dominieren. Anders als bei den Mädchen empfinden Jungen auch mit einer fremden oder kaum bekannten Partnerin das erste Mal als »etwas Schönes«, aber zu etwas geringeren Anteilen als innerhalb einer festen Beziehung. Vorrangig bleiben bei den Jungen aber in allen Beziehungskontexten die positiven Empfindungen bzgl. des ersten Geschlechtsverkehrs, während dies bei den Mädchen insbesondere bei einem kaum oder gar nicht bekannten Partner nicht gelingt.

Andere Befunde zeigen, dass Mädchen im Jugendalter eine neue sexuelle Beziehung häufiger aus Liebe und Zuneigung zum Partner eingehen, während Jungen häufiger angeben, die sexuelle Beziehung aufgrund sexueller Anziehung zu initiieren (z. B. Laumann, Gagnon, Michael & Michaels, 1994; vgl. Wendt, 2009). Insgesamt gleichen sich Jungen aber seit den 1970er Jahren mehr und mehr den Mädchen an und nennen nun zunehmend häufiger Liebe und Zuneigung als zentralen Motivator für sexuellen Kontakt (Schmidt, 1993).

Weitere Befunde der Studie Jugendsexualität 2015 belegen die durchweg positiven Effekte einer Rahmung des ersten Mals in einer festen Partnerschaft (Bode & Heßling, 2015):

- Es ist der beste Garant für das positive Erleben des ersten Mals als »etwas Schönes«, für Mädchen wie für Jungen (mit den oben berichteten weiteren Geschlechtsunterschieden).
- Das erste Mal ist dann häufiger sorgfältig geplant (nur 11 %/ 12 % der Mädchen/Jungen wurden dann vom ersten Mal »völlig überrascht«).
- Es wird deutlicher weniger häufig beim ersten Mal nicht verhütet (je nach Gruppe verhüten zw. 4 % und 10 % beim ersten Mal mit einem festen Partner/einer festen Partnerin nicht, jedoch 9 % bis 23 % bei einem ersten Mal mit einem kaum oder gar nicht bekannten Partner/einer kaum oder gar nicht bekannten Partnerin!).
- Es werden häufiger von Anfang an zuverlässige Methoden der Verhütung gewählt (Pille), häufiger »immer genau« auf Verhütung geachtet und für Verhütung die gemeinsame Verantwortung beider Partner gezeigt.
- Alkohol oder Drogen als Ursache für ungeschützten Geschlechtsverkehr spielen deutlich weniger häufig eine Rolle.
- Es wird häufiger mit anderen über das erste Mal gesprochen.
- Der Partner/die Partnerin selbst ist dann häufig die erste Vertrauensperson für sexuelle Fragen.

Das Zusammenspiel von Sexualität und Partnerschaftsqualität ist jedoch bislang im Jugendalter kaum untersucht worden (vgl. Wendt, 2009). Eine Ausnahme stellt die Studie von Rostosky und Kolleginnen (2000) dar, die das Zusammenspiel von emotionaler und sexueller Intimität bei Jugendlichen und jungen Erwachsenen belegt (vgl. Wendt, 2009): So geht bei Paaren im Alter von 14–20 Jahren die Höhe der wahrgenommenen emotionalen Intimität, Verlässlichkeit und Bedeutsamkeit der Partnerschaft mit der Häufigkeit von Händchenhalten, Küssen und Streicheln einher, während ein höheres Ausmaß an Konflikten mit mehr Geschlechtsverkehr verbunden ist. Der letztere Befund wird von den Autoren austauschtheoretisch erklärt, wonach Jugendliche in einer noch relativ instabilen Beziehung Negativität und Konflikte durch Sexualität aufzufangen versuchen, was als Nutzen-Kosten-Abwägung zur Aufrechterhaltung der Beziehung interpretiert wird. Zudem sagten sexuelle Intimitäten sowie die Koitushäufigkeit die Beziehungsdauer bei Jugendlichen vorher, sodass von einem beziehungstabilisierenden Effekt der Sexualität in jungen Partnerschaften auszugehen ist.

Eine Studie von Rosenthal und Kollegen/-innen (Rosenthal, Burklow, Lewis, Succop & Biro, 1997) belegt bei einer Stichprobe von Mädchen im Alter von 12 bis 15 Jahren, dass koituserfahrene Mädchen mehr Nähe zu ihrem aktuellen Partner aufbauen als Mädchen ohne Koituserfahrung, d. h. sie verbrachten mehr exklusive Zeit mit dem Partner, tauschten häufiger intime Informationen mit diesem aus und gingen von einer höheren Stabilität dieser Partnerschaft aus.

Beim Entwicklungsvergleich von Jungen und Mädchen wird deutlich, dass die Entwicklung der Integration von Sexualität und emotionaler Beziehung im Jugendalter bei Mädchen und Jungen unterschiedlich abläuft (Steinberg, 2017). So beginnt die sexuelle Aktivität der Jungen im Jugendalter stärker als die der Mädchen mit autoerotischem Verhalten, sodass Jungen vor der Aufgabe stehen, ihre bereits erworbenen sexuellen Fähigkeiten mit den für sie neuen Ansprüchen enger, emotionaler Beziehungen zu integrieren. Mädchen hingegen machen häufiger ihre ersten sexuellen Erfahrungen mit einem Partner innerhalb einer emotionalen Bindung, sodass sie hierin die neuen sexuellen Bedürfnisse und Erfahrungen integrieren müssen.

Insgesamt zeigen die wenigen Studien, die auch die Qualität der sexuellen Erfahrungen im Jugendalter betrachten, dass die meisten Jugendlichen ihre Sexualität in der Partnerschaft als zufriedenstellend erleben und sexuelle Probleme eher selten sind (Plies et al., 1999; Schmidt, 1993; siehe Wendt, 2009). Mädchen erleben dabei eher sexuelle Probleme als Jungen, wie etwa Schmerzen beim Sex, Schuldgefühle, Orgasmusprobleme oder die Angst benutzt zu werden, während Jungen eher unter Leistungsdruck und Schüchternheit zu leiden haben (Plies et al., 1999; Schmidt, 1993). Im Entwicklungsverlauf kommt es zu einer Verbesserung sexueller Kompetenzen, sodass sich für über 15-Jährige weniger sexuelle Probleme wie Gehemmtheit, Schuldgefühle oder Orgasmusprobleme nachweisen lassen als bei jüngeren Jugendlichen (Plies et al., 1999). Insgesamt scheinen Jugendliche ein höheres sexuelles Wohlbefinden zu haben, wenn sie mit Freunden/Freundinnen offen über das Thema Sexualität kommunizieren können (Mastro & Zimmer-Gembeck, 2015).

6

LSBT*I*Q-Jugendliche

Leider beziehen sich nach wie vor viele Theorien und Befunde zu den romantischen und sexuellen Entwicklungsschritten im Jugendalter auf heterosexuelle Kontakte zu Partnern/Partnerinnen des anderen Geschlechts. Parallel zur zunehmenden gesellschaftlichen Liberalisierung gegenüber LSBT*I*Q-Lebensweisen stehen aber zunehmend auch in wissenschaftlichen Untersuchungen Jugendliche mit gleichgeschlechtlicher sexueller Orientierung oder sogenannte nicht cisgeschlechtliche Jugendliche (deren geschlechtliche Identität nicht dem bei Geburt zugewiesenen Geschlecht entspricht) im Zentrum der Aufmerksamkeit (Diamond, 2013). Bevor genauer auf empirische Befunde in diesem Themenbereich eingegangen wird, sollen zunächst einige Begriffe geklärt werden, die in einem Überblick bei Krell und Oldemeier (2015; 2017) dargestellt sind:

Wichtige Begriffe

Die Abkürzung *LSB* steht für lesbisch, schwul und bisexuell (im englischen Sprachgebrauch LGB: lesbian, gay and bisexual). LSB wird als Kürzel für die *sexuelle Orientierung* verwendet, also als Bezeichnung für das Interesse bezogen auf das Geschlecht möglicher Sexualpartner/innen.

Mit Erweiterung bezieht sich die Abkürzung *LSBT*I*Q* (lesbisch, schwul, bisexuell, trans*, inter* und queer/questioning) nicht nur auf die Bezeichnung der sexuellen Orientierung, sondern auch der *geschlechtlichen Zugehörigkeit* oder auch *Geschlechtsidentität.* Die Geschlechtsidentität beschreibt die individuell empfundene Geschlechtszugehörigkeit als Mann, Frau, dazwischen, beides oder einem weiteren Geschlecht angehörig. *Trans**-Menschen im Sinne von *transgender* ordnen sich keinem der zwei Geschlechterkategorien zu oder verorten sich zwischen den Geschlechtern oder einem weiteren Geschlecht zugehörig. Der Begriff *Transsexuell* beschreibt Personen, die entweder mit männlichen Geschlechtsmerkmalen geboren wurden, sich selbst jedoch als Frauen sehen (MTF male to female, Trans* Männer), oder umgekehrt (FTM female to male, Trans* Frauen). *Inter**-Menschen entsprechen in ihren primären Geschlechtsmerkmalen nicht den gängigen oder erwarteten weiblichen oder männlichen geschlechtlichen Erscheinungsformen, haben also uneindeutige Geschlechtsmerkmale. *Queer* wird als Begriff von Menschen verwendet, die que(e)r zur heteronormen Geschlechterordnung, also zur Norm der Zwei-Geschlechter-Ordnung mit gegengeschlechtlichem Begehren, leben.

(Quelle und weitere Informationen bei Krell & Oldemeier, 2015; Krell & Oldemeier, 2017)

Das Interesse an Fragen der sexuellen Orientierung und Geschlechtsidentität spiegelt sich auch in einer wachsenden Wissbegierde der Jugendlichen selbst wider. Laut der Studie Jugendsexualität 2015 war bei immerhin 46 % der Mädchen und 48 % der

Jungen Homosexualität ein Thema im schulischen Sexualkundeunterricht (mit einer Steigerung von ca. 14 % verglichen mit den Daten aus dem Jahr 2005) (Bode & Heßling, 2015). 10 % der Jungen und 20 % der Mädchen geben an, gerne noch mehr über das Thema Homosexualität erfahren zu wollen (Bode & Heßling, 2015). Gleichzeitig äußern aber auch 39 % der Jungen und 24 % der Mädchen, dass sie das Thema Homosexualität »gar nicht interessiert« – ein offenbar immer noch polarisierendes Thema. Darüber hinaus sagen die berichteten Zahlen auch nichts über die Qualität der schulischen Informationen aus. Besonders häufig wird im schulischen Sexualkundeunterricht auf männliche Homosexualität und HIV-Prävention eingegangen, kaum jedoch auf die gesamte Bandbreite der LSBT*I*Q-Themen und damit einhergehend auch wenig auf die Frage nach alternativen Lebensweisen (Krell Oldemeier 2017). Von besonderer Bedeutung erwies sich für Jugendliche im Zusammenhang mit dem amerikanischen Schulunterricht, der häufig von konservativen politischen und religiösen Strömungen geprägt ist, die Verwendung von Literatur für junge Erwachsene, welche die Themen LSBT aufgreift und Möglichkeitsräume für die freie Exploration in Bezug auf Sexualität jenseits diskriminierender Einflüsse eröffnet (Bittner, 2012; Bittner, Ingrey & Stamper, 2016).

Doch wie verbreitet sind gleichgeschlechtliche Erfahrungen im Jugendalter? Gleichgeschlechtliche sexuelle Erfahrungen sind im Jugendalter keine Seltenheit und hängen nicht eins zu eins mit der später im Erwachsenenalter angegebenen sexuellen Orientierung zusammen (Steinberg, 2017). Laut der Studie Jugendsexualität 2015 machten in den vergangenen zwölf Monaten in der Altersgruppe der 14- bis 25-Jährigen insgesamt 12 % der weiblichen und 9 % der männlichen Befragten sexuelle Erfahrungen mit dem gleichen Geschlecht (Bode & Heßling, 2015, S. 117). Im historischen Vergleich zeigt sich jedoch, dass beispielsweise noch in den 1960er/70er Jahren gleichgeschlechtliche sexuelle Erfahrungen unter Jungen mit 20 % wesentlich verbreiteter waren (Schmidt, 2005). Schmidt spricht in diesem Zusammenhang von einem Verfall binnengeschlechtlicher Intimität und warnt vor einer frühzeitigen, etikettierenden und polarisierenden Einordnung in die Kategorien homosexuell-heterosexuell.

Tatsächlich zeigt sich besonders im Jugendalter, dass gleichgeschlechtliche sexuelle Erfahrungen nicht zwangsläufig mit der Einschätzung der aktuellen sexuellen Orientierung zusammenhängen: So hatten auch unter denjenigen Befragten, die sich selbst ausschließlich als heterosexuell einstuften, laut der Studie Jugendsexualität 2015 immerhin 10 % der Mädchen und 6 % der Jungen in den letzten zwölf Monaten gleichgeschlechtliche Erfahrungen (Bode & Heßling, 2015). In Bezug auf die sexuelle Orientierung zeigt die Studie Jugendsexualität 2015, dass unter den 16- bis 25-Jährigen im Durchschnitt 2 % der männlichen und 4 % der weiblichen Befragten als sexuelle Orientierung »homosexuell« angeben, weitere 5 % der weiblichen und 2 % der männlichen Befragten »bisexuell« sowie 1 % »weiß nicht« (Bode & Heßling, 2015). Altersgradiert steigt der Gesamtanteil von Befragten, die sich als nicht heterosexuell einschätzen, vom Jugendalter bis zum jungen Erwachsenenalter hin etwas an: So schätzen sich bei den Mädchen im Alter von 16 bis 17 Jahren insgesamt 8 % als nicht heterosexuell ein, bei den 21- bis 25-Jährigen sind es dann insgesamt 10 %. Bei den Jungen steigt der Anteil von 5 % auf 8 %. Verglichen mit der Einschätzung der sexuellen Orientierung bei Erwachsenen, fallen die Anteile von Jugendlichen, die sich als homo- oder bisexuell einschätzen, demnach etwas kleiner aus. Auch in den USA zeigt sich, dass sich etwa 2–5 % der Jugendlichen als homo- oder bisexuell beschreiben, im Erwachsenenalter liegt der Anteil dann bei etwa 10 %, wovon sich etwa 2/3 der Erwachsenen als bisexuell und etwa 1/3 als homosexuell einstuft (Steinberg, 2017). Andere Studien zeigen jedoch auch für die USA höhere Zahlen und gehen von rund 15 % der 14–29-Jährigen in den USA aus, die sich als LSBTQ bezeichnen, im Vergleich zu 8 % in Europa, wobei diese Unterschiede auf die insgesamt jüngere Altersstruktur in den USA zurückgeführt werden (jüngere Befragte haben sich insgesamt deutlich häufiger als LSBTQ eingeordnet als ältere Erwachsene, hier befragt bis 65 Jahre) sowie auf den offeneren Umgang in den USA in Bezug auf alternative Lebensweisen durch Medienkampagnen, soziale Medien und Netzwerke (Dalia Research, 2017).

Die Gewissheit über die sexuelle Orientierung oder die eigene Geschlechtsidentität zu erlangen ist ein wichtiger Entwicklungsschritt, der jedoch nicht immer im Jugendalter abschließend bewältigt wird, sondern als Prozess der Bewusstwerdung bis ins Erwachsenenalter hinein verlaufen kann. Betrachtet man »Coming-out«-Historien, gibt es ganz unterschiedliche Wege der Bewusstwerdung und Öffentlichmachung der eigenen sexuellen Orientierung. Dabei kann zwischen dem inneren Coming-out, also der eigenen Bewusstwerdung der sexuellen Orientierung, und dem äußeren Coming-out, also der Öffentlichmachung der sexuellen Orientierung, unterschieden werden (Krell, 2013; Krell & Oldemeier, 2015). Bei einer quantitativen Befragung zum Thema Coming-out zeigte sich, dass sich gut zwei Drittel (69,9 %) der dort befragten 5037 LSBT*Q-Jugendlichen bis zum Alter von 18 Jahren im Klaren über ihre sexuelle Orientierung waren (inneres Coming-out) (Krell & Oldemeier, 2015). Für die meisten lesbischen, schwulen, bisexuellen und orientierungs*diversen Jugendlichen begann die Bewusstwerdung über ihre sexuelle Orientierung mit 13 bis 16 Jahren, während die Zeitpunkte der Bewusstwerdung über die eigene Geschlechtsidentität bei trans* und gender*diversen Jugendlichen breiter zwischen 10 und 20 Jahren streuen (Krell & Oldemeier, 2015). Jeweils rund 25 % geben an, dass sie »es« schon immer gewusst haben (Krell & Oldemeier, 2015). Die Selbstdefinition muss hierbei über die Abgrenzung vom Bekannten stattfinden – ich bin kein Mädchen, ich bin kein Junge, ich bin nicht heterosexuell – und kann aufgrund fehlender Begriffe und fehlenden Wissens nicht über eine positive Identitätsfindung in Form von »Ich bin…« geschehen. Das äußere Coming-out geschieht erstmals im Durchschnitt mit 16,9 Jahren und ebenfalls mit Variationen in den verschiedenen Gruppen, so etwa bei lesbischen und bisexuellen Frauen mit 16,6 Jahren früher als bei schwulen Männern mit 17,0 Jahren (Krell & Oldemeier, 2015).

Eher später sind orientierungs*, trans* und gender*diverse Jugendliche dran, im Durchschnitt mit über 18 Jahren. Auch der Zeitraum zwischen dem inneren und äußeren Coming-out ist je nach untersuchter Gruppe unterschiedlich lang und liegt bei um die zwei Jahre, deutlich länger aber noch bei den trans* und gender*-diversen (Krell & Oldemeier, 2015). Studien weisen darauf hin, dass auch der Verlauf in der Bewusstwerdung der sexuellen Orientierung bei Jungen und Mädchen unterschiedlich verläuft: So haben Jungen häufiger bereits gleichgeschlechtliche sexuelle Erfahrungen gesammelt, bevor sie sich selbst als schwul oder bisexuell beschreiben, während bei Mädchen der Prozess häufiger umgekehrt verläuft und die Bewusstwerdung der sexuellen Orientierung gleichgeschlechtlichen sexuellen Erfahrungen vorausgeht (Diamond & Savin-Williams, 2009). Letztlich ist insbesondere das äußere Coming-out für LSBT*I*Q Menschen häufig eine sich lebenslang immer wieder stellende Aufgabe, denn immer wieder muss u. U. neu entschieden werden, gegenüber welchen Personen die sexuelle Orientierung und Geschlechtsidentität offenbart werden möchte (Krell & Oldemeier, 2015).

LSBT*I*Q-Jugendliche stehen beim Coming-out nach wie vor vor der Herausforderung, mit gesellschaftlichen Stigmatisierungen und Diskriminierungen umzugehen. Nicht immer können oder wollen sie ihre sexuellen oder romantischen Bedürfnisse öffentlich machen. Tatsächlich berichten bis zu drei Viertel aller befragten Jugendlichen der Coming-Out-Studie von Krell und Oldemeier, dass sie vor dem Coming-out Befürchtungen hatten, etwa vor Ablehnung durch Familienmitglieder, Zurückweisung durch Freunde/Freundinnen, verletzende Bemerkungen/Blicke, Probleme in der Schule/Ausbildung/Uni/Arbeit oder nicht ernst genommen zu werden (Krell & Oldemeier, 2015). Die daraus resultierende Unsicherheit oder Zurückhaltung kann das psychische Wohlbefinden der Betroffenen beeinträchtigen. Eindrücklich wird dies in einem frei übersetzten Zitat von Lisa Diamond, einer der wichtigsten internationalen Forscherinnen zum Thema Homosexualität, deutlich, die zusammen mit Kollegen schreibt: »Ein Jugendlicher, der

der sexuellen Minderheit angehört, fühlt sich möglicherweise geplagt von dem Gedanken, dass er oder sie tiefgreifend anders ist als andere Jugendliche. Diese Andersartigkeit zuzugeben und möglichweise von Gleichaltrigen verspottet zu werden, kann sich als unerträglich erweisen« (Diamond, Savin-Williams & Dubè, 1999, S. 182; Steinberg, 2017, S. 284).

Der Umgang mit innerer Zerrissenheit und Erfahrungen von Diskriminierung lassen viele Entwicklungsschritte, die für heterosexuelle Jugendliche ganz normal zu sein scheinen, für LSBT*I*Q-Jugendliche zu einer großen Herausforderung werden. Tatsächlich sind Jugendliche, die den sexuellen und geschlechtlichen Minderheiten angehören, im Verlauf des Jugendalters verschiedener Studien zufolge häufiger von Suchtverhalten, Depressionen und Suizidversuchen betroffen als gleichaltrige heterosexuelle Jugendliche (Gesundheitsförderung Schweiz, 2017). Ein Übersichtsartikel von Coker und Kollegen/-innen zeigt, dass LSB-Jugendliche eine höheres Risiko für Substanzgebrauch, Essstörungen, Suizidalität, sexuelles Risikoverhalten, Gewalterfahrungen und Obdachlosigkeit haben (Coker, Austin & Schuster, 2010). Dabei ist natürlich nicht die sexuelle Orientierung selbst der ausschlaggebende und erklärende Faktor für die Entwicklung von Problemverhalten, sondern andere, bei den betroffenen Jugendlichen vorliegende Risikofaktoren beeinflussen diese Entwicklungen weit stärker (Saewyc, 2011). Zu diesen zugrundeliegenden Risikofaktoren gehören etwa Erfahrungen von Zurückweisung in der Familie oder Gewalt- und Missbrauchserfahrungen in der Kindheit, die dann entsprechende Risikoentwicklungen triggern und dies v. a. bei Jugendlichen, die darüber hinaus auch Stigmatisierung, Zurückweisung und sozialem Ausschluss aufgrund ihrer sexuellen Orientierung ausgesetzt sind. Auch andere Studien stellen die Auswirkungen von Stigmatisierung und Diskriminierung im Jugendalter als zentrale mediierende Faktoren zwischen sexueller Orientierung/Geschlechtsidentität und psychosozialer Anpassung im jungen Erwachsenenalter im Hinblick auf Lebenszufriedenheit und Depressivität heraus (Toomey, Ryan, Diaz, Card & Russell, 2010). Die höchsten Raten von Viktimisierung und homophober Ablehnung erleben dabei Jugendliche in ländlichen Gebieten sowie Gebieten mit einem niedrigen Bildungsniveau der dort lebenden Erwachsenen, gemessen an einem besonders feindseligen Klima in der Schule (Kosciew, Greytak & Diaz, 2009). Andere wichtige mediierende Faktoren sind im Bereich fehlender sozialer und familiärer Unterstützung oder dem Gefühl von Hoffnungslosigkeit zu finden, welche die erhöhte Rate von Suizidgedanken und -versuchen bei LSBT-Jugendlichen erklären (Mustanski & Liu, 2012; Liu & Mustanski, 2013). Insgesamt scheinen bisexuell orientierte Jugendliche etwas weniger von verschiedenen psychischen Problemen wie Depressivität, Essstörungen, Posttraumatischen Belastungsstörungen oder Suizidversuchen betroffen zu sein als lesbische, schwule oder trans* Jugendliche (Mustanski, Garofalo & Emerson, 2010).

Trotz dieser möglichen Risikoentwicklungen zeigt sich, dass die Mehrzahl der LSBT*I*Q-Jugendlichen die anstehenden Entwicklungsaufgaben des Jugendalters gut bewältigen und das gleiche Level in Gesundheit und Wohlbefinden erreichen wie gleichaltrige, heterosexuelle und cisgeschlechtliche Jugendliche (Saewyc, 2011). Als Schutzfaktoren erwiesen sich in diesem Zusammenhang v. a. liebevolle Erfahrungen in der Familie, unterstützende Freundschaftsbeziehungen, unterstützende Beziehungen zu Erwachsenen (z. B. Lehrer/innen, Berater/innen), Eingebundenheit in der Schule sowie Religiosität bzw. Spiritualität (Saewyc, 2011). In Bezug auf die Familie ist die große Herausforderung dabei der Umgang mit dem nicht geteilten »Stigma« (z. B. im Gegensatz zu Diskriminierungserfahrungen in Bezug auf die Hautfarbe, die die Familie möglicherweise teilt), was die Unterstützungsfähigkeiten der Familienmitglieder häufig beeinträchtigt.

Insgesamt ist davon auszugehen, dass LSBT*I*Q-Jugendliche im Prinzip vor den gleichen Entwicklungsaufgaben wie heterosexuelle, cisgeschlechtliche Jugendliche stehen (Krell & Oldemeier, 2015). Trotzdem gibt es die oben beschriebenen Unterschiede, v. a. im Hinblick auf die beschriebenen Erfahrungen von gesellschaftlicher Stigmatisierung, Diskriminierung und Ausgrenzung. So zeigt etwa eine Befragung der Human Rights Campain in den USA, dass die drei wichtigsten Probleme, die LSBT-Jugendliche nennen, unmittelbar mit ihrer sexuellen und geschlechtlichen Identität zusammenhängen: fehlende Akzeptanz in der Familie, Stress in der Schule bzw. Bullyingerfahrungen sowie Ängste in Bezug auf Offenheit und Coming out (Human Rights Campaign, 2018). Im Gegensatz dazu drehen sich die drei größten Probleme von Nicht-LSBT-Jugendlichen um ihre Klasse, Prüfungen und Noten.

Auch in Bezug auf romantische Erfahrungen Jugendlicher lässt sich hier ableiten, dass bedingt durch die inneren Unsicherheiten oder die befürchteten und tatsächlichen Diskriminierungen der Aufbau von gleichgeschlechtlichen Partnerschaften erschwert werden kann. Tatsächlich zeigen Studien, dass die Etablierung gleichgeschlechtlicher Partnerschaften später erfolgt als die gegengeschlechtlicher Partnerschaften. So berichten etwa im Beziehungs- und Familienpanel pairfam von den dort befragten 4185 15- bis 17-jährigen Jugendlichen insgesamt 1.068 Jugendliche über eine aktuell bestehende, gegengeschlechtliche Partnerschaft (entspricht 25,5 % der Gesamtstichprobe), aber nur 5 über eine feste gleichgeschlechtliche Partnerschaft (entspricht 0,1 % der Gesamtstichprobe) (Wendt & Walper, 2013b). Obwohl davon auszugehen ist, dass gleichgeschlechtliche, sexuelle Erfahrungen unter Jugendlichen deutlich verbreiteter sind (vgl. oben zitierte Daten der Studie Jugendsexualität), berichten in dieser Befragung nur wenige Jugendliche in dieser Altersgruppe von einer festen, gleichgeschlechtlichen Beziehung, sei es, weil sie die entsprechende Frage in einer solchen Befragung nicht offen beantworten möchten, sei es, weil tatsächlich feste gleichgeschlechtliche Partnerschaften erst in höherem Alter etabliert werden. Wenn feste gleichgeschlechtliche Beziehungen etabliert werden können, erfüllen diese, wie bei gegengeschlechtlichen Beziehungen auch, das Bedürfnis der Partner/der Partnerinnen nach Bindung (also Nähe und Sicherheit), Fürsorge und Sexualität (Mohr & Jackson, 2016). Können sich die Partner/Partnerinnen auf eine enge Bindungsbeziehung einlassen und eine sichere Bindung zum Partner/zur Partnerin entwickeln, profitieren davon gleichgeschlechtliche Paare nach den gleichen Prinzipien wie gegengeschlechtliche Paare und berichten über eine höhere Beziehungsqualität und -stabilität als Partner/Partnerinnen mit unsicheren Bindungsmustern (Fingerhut & Peplau, 2013).

Betrachtet man den Entwicklungsverlauf bis zur Etablierung fester gleichgeschlechtlicher Beziehungen im Jugendalter genauer, so zeigt sich, dass erste gleichgeschlechtliche sexuelle Erfahrungen häufig außerhalb fester Partnerschaften gesammelt werden: entweder innerhalb von bestehenden Freundschaftsbeziehungen, explizit sexuell ausgerichteten Beziehungen oder mit fremden Personen, zu welchen keinerlei Beziehung besteht (Diamond et al., 1999). Viele Jugendliche bleiben erstmal dabei, gleichgeschlechtliche Erfahrungen nur in sexueller Hinsicht zu sammeln und keine festen gleichgeschlechtlichen Partnerschaften zu etablieren, was stärker auf Jungen als auf Mädchen zuzutreffen scheint, während gleichgeschlechtlich orientierte Mädchen im Jugendalter teils sogar heterosexuelle Erfahrungen sammeln und ebenfalls erst späterhin feste gleichgeschlechtliche Beziehungen etablieren. Dieser Weg liegt, neben den inneren Unsicherheiten in Bezug auf die sexuelle Orientierung, häufig in der Angst vor Diskriminierung begründet, wenn durch eine feste und öffentlich gemachte Partnerschaft die sexuelle Orientierung sichtbar würde (Diamond et al., 1999). Konträr zum fest ritualisierten Dating-System in den USA, nutzen auch nur wenige LSBT*I*Q-Jugendliche Dates mit einem gleichgeschlechtlichen Partner/einer gleichgeschlechtlichen Partnerin als Ausgangspunkt, um eine spätere sexuelle oder romantische gleichgeschlechtliche Beziehung aufzubauen (Diamond et al., 1999). Auch hier sind die Erfahrungen von möglicher Diskriminierung dafür verantwortlich, dass entsprechende öffentliche Dates vermieden werden, und dies wahrscheinlich nicht nur in den USA. Trotzdem hat auch für LSBT*I*Q-Jugendliche der Kontakt zu Peers eine wichtige Bahnungs- und Lenkungsfunktion, wobei v. a. Kontakte zu etwas älteren, gleichgeschlechtlich erfahrenen Jugendlichen eine Rolle spielen, die die Jugendlichen in den entsprechenden Communities mit sexueller Vielfalt einführen können

(Diamond et al., 1999). Besondere Probleme sind dabei nach wie vor bei Jugendlichen aus ländlichen, kleinen und konservativen Gegenden zu erwarten, für die die Möglichkeiten entsprechender Kontakte sehr eingeschränkt sind. Von großer Bedeutung ist daher das Internet, sowohl zur Informationssuche wie auch zur Kontaktaufnahme und Partnersuche (Krell & Oldemeier, 2015; Krell & Oldemeier, 2017).

Als weitere wichtige Beziehungsform etablieren manche gleichgeschlechtlich orientierte Jugendliche auch emotional intensive gleichgeschlechtliche Freundschaften, sogenannte passionate friendships (Diamond et al., 1999). Diese sind von hoher emotionaler Nähe und Verbundenheit geprägt, teils auch von einer gewissen körperlichen Nähe, nicht jedoch in Form leidenschaftlicher Sexualität. Vor allem Mädchen pflegen solche Beziehungsformen, möglicherweise auch als intime Beziehungsform vor dem inneren oder äußeren Coming out (Diamond et al., 1999).

Bei der Etablierung fester gleichgeschlechtlicher Partnerschaften ergeben sich also mehrere Herausforderungen, v. a. im Hinblick auf 1) die Suche oder das Erkennen möglicher Partner/Partnerinnen, 2) die Einschränkungen bei der Auswahl geeigneter Partner/Partnerinnen, was u. a. dafür verantwortlich ist, dass häufiger Partnerschaften mit größerem Altersabstand oder mit gemischten kulturellen Hintergrund gebildet werden, 3) das Coming-out gegenüber Familie und Freunden/Freundinnen sowie 4) die Erfahrung von Diskriminierung und Viktimisierung (Diamond et al., 1999). Angesichts dieser Herausforderungen ist es nicht verwunderlich, dass insbesondere eine gelingende Partnerschaft ein wichtiger Schutzfaktor für LSBT*I*Q-Jugendliche und Ressource für das Erleben von Sicherheit und Unterstützung ist, und daher oftmals sogar von höherer Bedeutung als bei heterosexuellen Jugendlichen ist (Diamond et al., 1999, S. 204).

Angesichts der großen Herausforderungen für LSBT*I*Q-Jugendliche ist davon auszugehen, dass diese zum Teil einen hohen Bedarf auch an professioneller Unterstützung und Beratung haben, die laut der Coming-out Studie des Deutschen Jugendinstituts von etwa einem Drittel der Jugendlichen in Anspruch genommen werden (Krell & Oldemeier, 2015). Müller (2014) zeigt in einem Beratungsprojekt, dass sich die Beratungsanliegen zwei Oberthemen zuordnen lassen: Zum einen zur Frage nach Geschlechtsidentität vs. sexueller Identität, zum anderen zur Frage nach dem Coming- out mit Begleitung während und nach dem Coming-out. Beide Themenbereiche haben Schnittmengen: So kann sich Coming-out begleitend sowohl die Frage nach der Geschlechtsidentität (z. B. Bin ich trans*?) als auch nach der sexuellen Identität (z. B. Bin ich schwul?) stellen. Fragen, die sich auf Strategien einen Partner/eine Partnerin zu finden beziehen, stellen sich häufig *nach* dem Coming-out. Jugendliche haben auch spezifische Wünsche an Beratungsangebote, wie etwa Niederschwelligkeit, Anonymität, Kompetenz/Wissen bei den Berater/innen, Homo- und bifreundliche Unterstützungsstrukturen, Mitarbeiter/innen mit LSBTQ*-Erfahrungen, Sichtbarkeit und Normalisierung von sexueller Vielfalt (z. B. durch Benennung, Plakate), peer-Angebote (von Jugendlichen mit LSBT*I*Q-Erfahrungen mit gestaltet) und regionale Netzwerke (Beratungsstellen, Jugendgruppen, Ärzte/-innen, Therapeuten/-innen, Wohneinrichtungen, Schulaufklärung, etc.) (Müller, 2014). Häufig fehlen Fachkräften jedoch das spezielle Wissen zu LSBT*I*Q-Lebensweisen, vorhandene Instrumente und Standards greifen das Thema kaum auf und teils besteht sogar eine explizit homophobe Haltung der Fachkräfte (Unterforsthuber, 2014). Darüber hinaus finden sich auch ein erhöhter Verbesserungsbedarf in der schulischen Aufklärung zu sexueller und geschlechtlicher Vielfalt (Klocke, 2014) sowie bei der Beratung Angehöriger von LSBT*I*Q-Jugendlicher (Borchardt, 2014).

Abzuleiten ist hieraus, dass es einen enormen Bedarf gibt, entsprechende Beratungsstrukturen aufzubauen, Fachkräfte entsprechend zu schulen, Angebote für die speziellen Anforderungen von LSBT*I*Q-Jugendlichen anzupassen und schließlich auch entsprechende Forschung zur Evaluation und Qualitätssicherung anzugehen (pro familia Bundesverband, 2014). Auch wenn sich mittlerweile zunehmend mehr Studien mit den Entwicklungsherausforderungen für LSBT*I*Q-Jugendliche auseinandersetzen (z. B. Diamond, 2013; Krell & Oldemeier, 2015), sind in diesem Bereich noch große Forschungslücken zu bemängeln. Das wünschenswerte Ziel wäre hier sicherlich, dass LSBT*I*Q-Jugendliche nicht mehr nur in besonderen Studien untersucht werden, die sich quasi »defizitorientiert« mit deren Besonderheiten befassen, sondern dass die gesamte Jugendforschung Diversität mit bedenkt, Studien so gestaltet werden, dass sich auch LSBT*I*Q-Jugendliche angesprochen fühlen und damit letztlich Aussagen über alle Jugendlichen getroffen werden können.

7

Präventionsbedarf und Angebote für Jugendliche

7.1 Aufklärungs-/Präventionsbedarf und Unterstützung durch Eltern, Peers, Schule und außerschulische Anbieter

Die bisherigen Ausführungen in diesem Band zeigen, dass Jugendliche in vielen Feldern Unterstützung auf ihrem Weg zu positiven und selbstbestimmten sexuellen und romantischen Beziehungen brauchen. Glücklicherweise erleben viele Jugendliche Unterstützung im Elternhaus oder bei guten Freunden/Freundinnen. So haben laut der Studie Jugendsexualität 2015 beispielsweise 90 % der

Mädchen und 83 % der Jungen eine Vertrauensperson, mit der sie über sexuelle Dinge sprechen können. Mit Abstand am häufigsten nennen Jungen wie Mädchen als ersten Ansprechpartner/erste Ansprechpartnerin den besten Freund/die beste Freundin, gefolgt von der Nennung der Mutter. Beim Blick auf die Väter geht die Schere weit auseinander. Nur 9 % der Mädchen deutscher Herkunft nennen den Vater als Vertrauten (gegenüber 59 %, die die Mutter nennen), während für die Jungen die Väter als Gesprächspartner genauso wichtig sind wie die Mütter (Mutter und Vater werden von 41 % der Jungen deutscher Herkunft benannt). Extrem selten sind Lehrer/innen als Vertrauensperson in sexuellen Dingen gefragt; sie fungieren fast ausschließlich als Wissensvermittler.

Doch in welchen Bereichen haben Jugendliche noch weiteren Aufklärungsbedarf? Die meisten Jugendlichen empfinden sich subjektiv gut aufgeklärt: 84 % der 14- bis 17-Jährigen bejahen diese Frage (laut Jugendsexualität 2015). Eine wichtige Grundlage dafür dürfte der mittlerweile flächendeckende Aufklärungsunterricht in der Schule sein, den aktuell etwa 93 % der Jugendlichen erhalten (Bode & Heßling, 2015). Trotzdem berichten vor allem Haupt- und Sonderschüler/innen häufiger, dass sie keinen Aufklärungsunterricht erhielten.

Doch die einschlägigen Studien belegen auch, dass Jugendliche trotz ihrer subjektiven Einschätzung, gut aufgeklärt zu sein, ihr Wissen nicht immer richtig einschätzen. So bezeichnen laut BRAVO-Studie (2009) 26 von 100 Jugendlichen die »Pille danach« als normales Verhütungsmittel; 21 von 100 halten »Aufpassen« für eine sichere Verhütungsmethode, 12 % erklären Verhütung zur »Mädchensache« und immerhin 3 % glauben, dass sie mit Tampons verhüten könnten. Auch die Frage, wann ein Mädchen konzeptionsbereit ist, beantworten viele Jugendlichen in dieser Studie falsch. Darüber hinaus sind auch keineswegs alle Jugendlichen in Bezug auf die körperlichen Veränderungen wie Menstruation und Samenerguss ausreichend aufgeklärt: So sind laut der Studie Jugendsexualität 2015 5 % Mädchen und 10 % Jungen völlig unvorbereitet von diesem Ereignis überrascht worden. Weitere 18 % der Mädchen und 35 % der Jungen kreuzten die zweite Antwortalternative »Hatte schon einmal etwas davon gehört, wusste aber nichts Genaues« an. Gut vorbereitet waren also nur 77 % der Mädchen und 55 % der Jungen. Laut der BZgA-Studie melden Jugendliche auch einen erhöhten Informationsbedarf vor allem bei »schwierigen« Themen an: Geschlechtskrankheiten, sexuelle Praktiken, Schwangerschaft/Geburt, Schwangerschaftsabbruch und sexuelle Gewalt sind Themen, zu denen sich die Jugendlichen mehr Informationen wünschen.

Und fasst man schließlich die im Verlaufe dieses Buches beschriebenen Problemfelder nochmals zusammen, wird deutlich, dass der Informationsbedarf nicht nur im Bereich der Sexualpädagogik liegt, sondern ganz allgemein die Gestaltung enger Beziehungen für viele Jugendliche eine große Herausforderung ist. Probleme ergeben sich beispielsweise im Hinblick auf:

- die Regulation von Nähe und Distanz in der Partnerschaft (▸ Kap. 4.3, 4.4),
- Erfahrungen von emotionalen Unsicherheiten, Eifersucht und Abhängigkeit (▸ Kap. 4.3, 4.4, 4.8),
- schmerzhafte Trennungen oder Erfahrungen von Zurückweisung (▸ Kap. 4.7),
- Konflikte in Partnerschaften (▸ Kap. 4.3),
- Formen von psychischer, physischer und sexueller Gewalt (▸ Kap. 4.8),
- Machtungleichgewichte in Partnerschaften (▸ Kap. 3.4, 4.8),
- Probleme bei der Durchsetzung eigener Bedürfnisse oder Kommunikationsschwierigkeiten (z. B. auch im Hinblick auf notwendige Vereinbarungen bzgl. Verhütung) (▸ Kap. 3.4, 4.3, 4.4),
- Sexuelle Probleme (▸ Kap. 5),
- Einflüsse und Einmischungen von Peers (▸ Kap. 3.3, 3.5, 4.5),
- Unsicherheiten in Bezug auf die eigene sexuelle und geschlechtliche Identität (▸ Kap. 6).

Die Palette von partnerschaftsbezogenen Problemen ist vielfältig und unterscheidet sich im Grunde kaum von Problemen, die es auch bei erwachsenen Paaren gibt. Trotzdem gibt es während des Jugendalters eine Reihe von Besonderheiten, die solche Probleme unter Umständen besonders schwerwiegend werden lassen:

- Jugendliche müssen ganz generell viele Kompetenzen zur Beziehungsgestaltung und zum Umgang mit Partnerschaftsproblemen erst entwickeln.
- Negative Erfahrungen, insbesondere wenn sie im Verlauf des Jugendalters wiederholt auftreten, von längerer Dauer sind oder ungelöst bleiben, ziehen möglicherweise nachhaltige negative Konsequenzen für das psychische Befinden der Jugendlichen oder die spätere Beziehungsgestaltung im Erwachsenenhalter nach sich.
- Die Aufnahme erster Partnerschaften fällt in eine Altersphase, in der auch andere wichtige Entwicklungsaufgaben virulent sind, v. a. die Identitätsbildung und die damit eng verbundene Entwicklung schulischer und beruflicher Perspektiven. Negative Beziehungserfahrungen könnten die Entwicklung in anderen Entwicklungsbereichen behindern.

Sexualaufklärung im Sinne der Wissensvermittlung über Sexualität und als Teilbereich der Sexualerziehung (Sielert, 2005) erfolgt für viele Jugendliche im Rahmen des Sexualkundeunterrichts an Schulen. Laut der Studie Jugendsexualität 2015 geben im Durchschnitt 93 % der befragten Jugendlichen an, Sexualkundethemen in der Schule besprochen zu haben, und über 80 % der Jugendlichen berichten, ihr Wissen über Sexualität, Empfängnisverhütung und ähnlichen Themen neben anderen Quellen primär im Schulunterricht erworben zu haben (Bode & Heßling, 2015). Zwar sind Lehrer so gut wie nie eine Vertrauensperson in sexuellen Fragen, als Wissensvermittler nehmen sie aber eine zentrale Stellung ein und werden neben den Eltern und dem besten Freund/der besten Freundin als wichtigste Person der Sexualaufklärung genannt (Bode & Heßling, 2015, S. 14).

In den Richtlinien für die Familien- und Sexualerziehung, hier beispielhaft für die Bayerischen Schulen aufgeführt (Bekanntmachung vom 15.12.2016; Nr. Az. V.8-BS4402.41-6a.141202), heißt es hierzu: »Sexualität ist Teil der menschlichen Existenz. Familien- und Sexualerziehung in der Schule begleitet den körperlichen, geistigen und seelischen Reifungsprozess der Kinder und Jugendlichen. Damit dies gelingen kann, ist eine wertschätzende Atmosphäre Voraussetzung. Sie vermittelt wissenschaftlich gesicherte altersangemessene und ausgewogene Informationen über den eigenen Körper und über menschliche Sexualität. Die Familien- und Sexualerziehung unterstützt die Schülerinnen und Schüler dabei, kognitive, soziale und kommunikative Kompetenzen für ihren Umgang mit Sexualität sowie für Partnerschaften und Familienleben zu entwickeln« (S. 3). Hier wird grundsätzlich der enge Bezug von Fragen zur Sexualität und Partnerschaftsgestaltung deutlich, in der Praxis verläuft der Sexualkundeunterricht jedoch häufig eher in Form einer reinen Wissensvermittlung in Bezug auf biologische Abläufe.

Viele Anbieter sexualpädagogischer Maßnahmen versuchen jedoch, über die reine Sexualaufklärung hinauszugehen und bieten »Menschen aller Altersgruppen einfühlsam und fachkundig Informationen, Begleitung und Unterstützung in sexuellen und partnerschaftsbezogenen Lernprozessen« (pro familia, 2018). pro familia etwa bietet unterschiedlichste sexualpädagogische Aufklärungsmöglichkeiten (direkte Beratung, Informationsmaterialien, Informationen im Internet, Programme in Kooperation mit Jugendeinrichtungen und Schulen etc.) und erreicht mit ihren sexualpädagogischen Programmen jährlich 200.000 Jugendliche bis 17 Jahre (pro familia Bundesverband, 2012a). Dabei legt pro familia »ein Verständnis von emanzipatorischer Sexualpädagogik zugrunde, die – im Gegensatz zu repressiver Sexualpädagogik – sexualfreundlich ist und die selbstbestimmte Sexualität des Menschen fördert. Unterschiedlichkeit wird nicht ausgeblendet, sondern wahrgenommen und geachtet. Die Sexualpädagogik pro familias respektiert den Wert eigener Erfahrungen und ermutigt zu einer selbstverantwortlichen Haltung. Ihre Leitbilder sind Respekt, Gleichberechtigung, Toleranz und Fürsorglichkeit« (pro familia, 2018). Die Angebote von pro familia sind je nach Fokus der primären, sekundären und tertiären Prävention zuzurechnen, was im folgenden Kapitel genauer ausgeführt wird.

Eine weitere wichtige Organisation im Zusammenhang mit Prävention und Aufklärung ist die Bundeszentrale für gesundheitliche Aufklärung (BZgA), welche auf Bundesebene als Fachbehörde im Geschäftsbereich des Bundesministeriums für Gesundheit u. a. die Erarbeitung von Grundsätzen und Richtlinien für Inhalte und Methoden im Bereich der Sexualaufklärung und Familienplanung übernimmt, aber auch die Aus- und Fortbildung von sexualpädagogisch tätigen Personen sowie die Evaluation und Qualitätssicherung von Maßnahmen. Die BZgA stellt dabei eine Fülle von Materialien zur Sexualaufklärung zur Verfügung (https://www.bzga.de/infomaterialien/sexualaufklaerung/).

7.2 Arten der Prävention im Jugendalter

Rechtliche Grundlage für die Unterstützung von Jugendlichen ist der in § 14 Sozialgesetzbuch VIII zur Kinder- und Jugendhilfe verankerte Anspruch:

§ 14 SGB VIII Erzieherischer Kinder- und Jugendschutz:

1. Jungen Menschen und Erziehungsberechtigten sollen Angebote des erzieherischen Kinder- und Jugendschutzes gemacht werden.
2. Die Maßnahmen sollen

a. junge Menschen befähigen, sich vor gefährdenden Einflüssen zu schützen und sie zu Kritikfähigkeit, Entscheidungsfähigkeit und Eigenverantwortlichkeit sowie zur Verantwortung gegenüber ihren Mitmenschen führen,
b. Eltern und andere Erziehungsberechtigte besser befähigen, Kinder und Jugendliche vor gefährdenden Einflüssen zu schützen.

(Quelle: http://www.sozialgesetzbuch-sgb.de/sgbviii/14.html)

Dementsprechend sind Präventionsprogramme für Jugendliche, die Fragen zur sexuellen und romantischen Entwicklung im Jugendalter behandeln, zu solchen Maßnahmen des erzieherischen Jugendschutzes zu zählen. Weitere Grundlagen für die Etablierung sexualpädagogischer Maßnahmen sind, je nach Fokus der präventiven Maßnahme, auch die UN-Kinderrechtskonvention zu Schutz, Förderung und Beteiligung, das Grundgesetz mit seinem Gleichheitsgrundsatz, Elternrechten und Schutzauftrag, das bürgerliche Gesetzbuch mit dem Recht auf Erziehung ohne Gewalt oder das Bundeskinderschutzgesetz mit dem aktiven Kinderschutz (Maywald, 2013).

Spricht man über Prävention, wird in der Regel, abhängig vom Belastungsgrad der Zielgruppe, zwischen drei Formen der Prävention unterschieden (siehe Wild & Walper, 2014):

Arten der Prävention

Präventionsangebote zielen darauf ab, der Entwicklung und Verfestigung von Problemen vorzubeugen. Während ältere Differenzierungen hinsichtlich des Zeitpunkts der Präventionsmaßnahme im Verlauf der Problementwicklung (z. B. im Krankheitsverlauf) nach primärer, sekundärer und tertiärer Prävention unterschieden, beziehen sich neuere Unterscheidungen auf die verschiedenen Zielgruppen, die sich im Belastungsgrad unterscheiden:

Universelle Prävention richtet sich an die Gesamtheit einer bestimmten Bevölkerungsgruppe (zum Beispiel bei der AIDS-Prävention an alle Schüler/innen einer Schule).

Selektive Prävention richtet sich an diejenigen Gruppen, die ein erhöhtes Risiko haben, eine bestimmte Problembelastung zu entwickeln (zum Beispiel Verhütungsberatung bei Jugendlichen mit niedrigem Bildungsniveau oder mit Migrationshintergrund).

Indizierte Prävention richtet sich an Personen bzw. Gruppen, die schon von einer erhöhten Problembelastung betroffen sind (also beispielsweise bei der indizierten Prävention von Gewalt in Paarbeziehungen: Jugendliche mit Gewalterfahrung).

(Quelle: In Anlehnung an Wild & Walper, 2014)

Präventive Angebote im Bereich Sexualität und Partnerschaft für Jugendliche greifen häufiger das Themenfeld Sexualität als das der Partnerschaftsgestaltung auf. Allerdings gelingt einigen Programmen auch eine Integration beider Felder.

7.3 Beispiele und Kriterien gelungener Präventionsmaßnahmen

Zur Bewertung präventiver Maßnahmen im Bereich der Sexualpädagogik gibt es beispielsweise verschiedene Rahmenkonzepte und Anforderungskataloge (u. a. Bundeszentrale für gesundheitliche Aufklärung, 2012; International Planned Parenthood Federation (IPPF), 2010; Weiser, 2012; Lehmann, 2011; WHO-Regionalbüro für Europa und BZgA, 2011; Kooperationsverbund Gesundheitliche Chancengleichheit, 2013).

Ein von pro familia vorgelegter Ansatz der rechtebasierten Sexualpädagogik verfolgt beispielsweise das übergeordnete Ziel der sogenannten Befähigungsgerechtigkeit, welche in der Umsetzung bedeutet, »...dass Menschen in jedem Lebensabschnitt in eigener Verantwortung informiert über ihr sexuelles Leben entscheiden können. Sexuelle Gesundheit und sexuelle Rechte bilden die Grundlagen, auf der die eigene sexuelle Identität frei, selbstbestimmt und einvernehmlich ausgedrückt werden kann« (pro familia Bundesverband, 2011, S. 5f.). Auch Heranwachsende sollen diesem Ziel folgend durch entsprechende Bildungsprogramme dazu befähigt werden, informiert und verantwortungsbewusst eigene Entscheidungen in Bezug auf ihre Sexualität treffen zu können. Basierend auf der IPPF-Erklärung der sexuellen Rechte sollen Bildungsprogramme, die im Sinne der sexuellen und reproduktiven Gesundheit und Rechte (SRGR) entsprechende Hilfestellungen bieten, auf vier Ansätzen beruhen (pro familia Bundesverband, 2011):

»**Rechte-basiert,** das heißt Vermitteln der zentralen Werte und Prinzipien der Menschenrechte und verbindlichen Rechtsansprüche, die die individuelle sexuelle Selbstbestimmung, die Gleichbehandlung und Möglichkeiten der Mitbestimmung in den Grenzen des Gegenübers fördern, schützen und garantieren; **Gender-sensitiv**, das heißt einen Beitrag leistend, sich mit den sozialen Faktoren von Geschlecht und tradierten kulturellen Rollenzuschreibungen kritisch auseinander zu setzen, Überprüfung individueller Haltungen; **Citizenship-orientiert**, das heißt den Schwerpunkt auf die Befähigung zum kritischen Denken zu legen und verantwortungsvolles Handeln innerhalb von Paarbeziehungen wie auch in gesellschaftlichen Zusammenhängen und gegenüber Institutionen zu festigen bzw. fördern; **Sexualitätsbejahend**, das heißt eine positive Haltung zu Sexualität mit einem achtsamen Körperbezug zu vermitteln, Lust als Bereicherung für das persönliche Wohlbefinden und Glück darzustellen wie auch unter gleichen Vorzeichen gegen Diskriminierung in Bezug auf sexuelle Orientierung, HIV-Status und Behinderung zu kämpfen« (pro familia Bundesverband, 2011, S. 6).

Die verschiedenen vorliegenden Rahmenkonzepte (s. o.) nennen eine Reihe von Kriterien, die ein gutes sexualpädagogisches Programm ausmachen. Dazu gehören eine klare Konzeption des Programms, gute Erreichbarkeit/Niederschwelligkeit und eine Atmosphäre von Wertneutralität/Offenheit/Toleranz, ein Ansatz von Ganzheitlichkeit bzw. ganzheitlicher Betrachtung von Sexualität, Partizipationsmöglichkeiten der Jugendlichen, Einbeziehung der Öffentlichkeit oder öffentlicher Personen, wissenschaftliche Aktualität, Umsetzung der Informationsrechte und schließlich die Evaluation der vorgelegten Programme (Schott, 2013). Eine vergleichende Arbeit im Fach Psychologie zeigte, dass die aktuell in Deutschland verfügbaren Programme im Allgemeinen sehr gut konzipiert sind und den meisten Kriterien entsprechen (Schott, 2013). Es gibt allerdings auch große Schwachpunkte, vor allem was den Einbezug der Öffentlichkeit und die Evaluation der Programme betrifft (Schott, 2013).

Sogenannte *Abstinenzprogramme*, die lediglich auf die Enthaltsamkeit der Jugendlichen, also den Verzicht auf vorehelichen Geschlechtsverkehr, abzielen, entsprechen in vielen Punkten nicht den genannten Kriterien. So greifen viele Abstinenzprogramme nicht einmal das Thema Verhütung auf (widerspricht dem Kriterium der Informationsrechte) und in der gesamten Ausrichtung der Programme widersprechen sie den Kriterien von Offenheit/Toleranz und Ganzheitlichkeit. Zu den international bekanntesten Abstinenzprogrammen zählt das TeenSTAR-Programm (»Teenager Sexuality Teaching in the context of Adult Responsibility«), das von der in den USA praktizierenden Gynäkologin Hanna Klaus entwickelt wurde (www.teenstar.org). Die Wirksamkeit solcher Programme ist sehr umstritten (Steinberg, 2017). Eine vergleichende Studie eines Abstinenzprogramms mit einem umfassenden sexualpädagogischen Programm zeigt, dass Jugendliche in einem umfassenden Programm mit Informationen über Verhütung eine geringere Wahrscheinlichkeit eintretender Teenagerschwangerschaften und tendenziell auch eine geringere sexuelle Aktivität aufwiesen, während das reine Abstinenzprogramm weder einen Effekt auf die Schwangerschaftsrate noch auf die sexuelle Aktivität hatte und damit seine intendierte Wirkung verfehlte (Kohler, Manhart & Lafferty, 2008). Ebenso zeigt Rosenbaum (2009), dass Jugendliche mit einem sogenannten Jungfräulichkeitsgelöbnis fünf Jahre später nicht weniger häufig vorehelichen Sex hatten, nicht weniger Sexualpartner/innen insgesamt sowie kein höheres Alter beim ersten Geschlechtsverkehr hatten im Vergleich zur Stichprobe gematchten Jugendliche ohne Gelöbnis. Jedoch nutzen Jugendliche mit Jungfräulichkeitsgelöbnis weniger häufig Verhütungsmittel, bezogen auf das vergangene Jahr und den letzten Geschlechtsverkehr, sodass geschlussfolgert werden kann, dass Jungfräulichkeitsgelöbnisse das Sexualverhalten nicht positiv im Sinne einer geringeren sexuellen Aktivität beeinflussen, tragischerweise aber die Wahrscheinlichkeit, Verhütungsmittel zu nutzen, minimieren. Diskutiert wird dabei in Bezug auf Abstinenzprogramme, dass der einseitige Fokus auf die sexuelle Abstinenz ohne entsprechende Aufklärung über effektive Verhütungsmaßnahmen im Falle ungeplanter Sexualkontakte Nicht-Verhütung wahrscheinlicher macht, da das entsprechende Wissen über Verhütung fehlt, oder weil die Jugendlichen aus Scham über das eigene Versagen sich nicht bewusst mit dem Thema Verhütung auseinandersetzen und entsprechend auch keine konkreten Vorkehrungen für einen eventuellen Sexualkontakt treffen.

Umfassende sexualpädagogische Programme informieren also mindestens auch über das Thema Verhütung und geschützten Geschlechtsverkehr, im Optimalfall behandeln sie jedoch auch den größeren Zusammenhang von Sexualität, Verhütung, Heranwachsen sowie persönlicher und sexueller Entwicklung und können dann als *ganzheitliche sexualpädagogische Programme* bezeichnet werden (WHO-Regionalbüro für Europa und BZgA, 2011). Internationale Studien belegen, dass umfassende sexualpädagogische Programme (comprehensive sex education) bei weitem erfolgreicher sind als reine Abstinenzprogramme (abstinence-only sex education) (siehe Steinberg, 2017, S. 318f). Beispiele für darüber noch hinausgehende, ganzheitliche sexualpädagogische Programme sind etwa die im Band »Menschenrechtsbasierte Sexualpädagogik mit Jugendlichen« dargestellten sexualpädagogischen Einheiten (pro familia Bundesverband, 2011). Die Basis für diese Programme bilden die Prinzipien der Menschenrechtsbildung und eines humanistischen Menschenbildes mit dem Ziel, Kenntnisse über sexuelle und reproduktive Rechte zu vermitteln, das kritische Denken der Jugendlichen in Bezug auf ihr Verhütungs- und Beziehungsverhalten anzuregen sowie die entsprechenden Kompetenzen zur Gestaltung egalitärer und einvernehmlicher Beziehungen und sexuellen Wohlbefindens zu vermitteln (pro familia Bundesverband, 2011): Das diesen Prinzipien folgende Beispielprojekt »GLEICHberechtigt!« setzt sich dabei mit den Risiken von mehrdeutiger Kommunikation, nicht egalitären Geschlechterverhältnissen und großen Altersunterschieden der Partner/der Partnerinnen auseinander und soll zu einem partnerschaftlichen Verhütungsverhalten verhelfen. Im Beispielprogramm »GEMEINSAM aushandeln!« wird noch allgemeiner das Ziel einvernehmlichen Aushandelns von sexuellem Agieren in Beziehungen mit Bezug zu riskanten Paarkonstellationen mit ungleichen Aushandlungspositionen behandelt. Und schließlich geht es im Programm »Schule ist für alle da!« um die Bedingungen für die Gewährleistung und den Schutz der persönlichen und sexuellen Integrität, damit letztlich um die Gleichstellung von Frau und Mann, Mädchen und Jungen (für alle drei Programme siehe pro familia Bundesverband, 2011). Alle diese Beispielprogramme sind in Ergänzung zu bestehenden sexualpädagogischen Programmen und Einheiten einzusetzen, sie decken also nicht alle sexualpädagogischen Bereiche ab. Positiv hervorzuheben ist jedoch, dass diese Programme nicht nur sexualpädagogische Themen im engeren Sinne behandeln, sondern den Bezug zu Partnerschaftsgestaltung, insbesondere im Hinblick auf Kommunikation und Verhandlung, sowie allgemein zum Thema Geschlechterverhältnis herstellen. Die Praxisbeispiele sind an einer Stichprobe von 400 Jugendlichen evaluiert worden, wobei die Befunde, von den Autoren nur knapp dargestellt, bei 75 % der Teilnehmer/innen ein gutes bis sehr gutes Feedback zeigten sowie positive Rückmeldungen der Sexualpädagogen/-innen über die eingesetzten Methoden und Themen. Insgesamt sind die genannten Beispielprojekte an der Schwelle von primärer zu sekundärer Prävention anzusiedeln: Sie richten sich zwar an prinzipiell alle Jugendlichen (primäre Prävention), sprechen jedoch auch Jugendliche in spezifischen Risikokonstellationen, etwa mit großen Altersunterschied der Partner/innen oder bestehenden Machtungleichgewichten in der Partnerschaft, an und stellen für diese Risikogruppen entsprechende Informationen und Übungen bereit (vgl. pro familia Bundesverband, 2011).

Ein weiteres Beispiel für ein solches an der Schnittstelle zwischen primärer bis sekundärer Prävention anzusiedelndes Programm wäre das Programm »Heartbeat – Herzklopfen. Beziehungen ohne Gewalt«, welches vom Paritätischen Wohlfahrtsverband Baden-Württemberg herausgegeben und durch das Daphne III Programm der Europäischen Gemeinschaft gefördert wurde (Deutscher Paritätischer Wohlfahrtsverband, 2010). Dieses Programm verlässt das Feld der engeren Sexualpädagogik und dient allgemein der Prävention von Gewalt in intimen Teenagerbeziehungen. Ziel des Projektes ist es, die Jugendlichen auf Warnzeichen von Gewalt aufmerksam zu machen und ihnen Wege aus der Gewalt zu zeigen. Das Programm möchte einen respektvollen Umgang mit dem anderen und dem eigenen Geschlecht und wertschätzende intime Beziehungen von Jugendlichen fördern, Jugendliche über Intentionen, Formen und Folgen von Beziehungsgewalt aufklären, Wege zu Hilfe und Unterstützung aufzeigen und Unterstützungspotentiale von Peers gegen Gewalt stärken (Köberlein, 2010). Verschiedene internationale Partnerorganisationen aus Deutschland, Österreich, Großbritannien, Spanien und Ungarn waren an der Entwicklung der Workshopinhalte sowie der ersten praktischen Umsetzung an Schulen oder Jugendeinrichtungen beteiligt.

Hervorzuheben ist bei diesem Programm vor allem der gelungene Bezug zu den Themen Partnerschaft und Partnerschaftsgestaltung. Die Jugendlichen setzten sich in den Workshops u. a. mit folgenden Fragen auseinander (Köberlein, 2010):

- »Was ist wertschätzendes, aufmerksames und fürsorgliches Verhalten und was ist manipulierendes, kontrollierendes und einschüchterndes Verhalten in einer Beziehung?
- Wie fühlt sich eine wertschätzende und wie fühlt sich eine einschüchternde Beziehung an?
- Was ist Gewalt? Und was sind gängige Mythen, die gewalttätiges Handeln rechtfertigen? Wer trägt die Verantwortung für gewalttätiges Handeln?
- Sind Mädchen und Jungen gleichermaßen von Beziehungsgewalt betroffen?
- Warum ist es manchmal schwer, sich aus einer ›Gewalt-Beziehung‹ zu lösen?
- Ist Gewalt in intimen Paarbeziehungen von Jugendlichen ein privates Problem, das nur die Beiden was angeht?
- Wer und was kann jungen Menschen helfen, sich aus einer ›Gewaltbeziehung‹ zu lösen?
- Wie können Peers betroffenen Freunden/-innen helfen?
- Wo können betroffene Jugendliche Rat und professionelle Unterstützung finden?«

(Quelle: Köberlein, 2010)

Die Evaluationsergebnisse des Präventionsangebotes ergeben eine hohe Akzeptanz der Workshops bei den Jugendlichen sowie ein deutlich höheres Wissen darüber, wo und welche Arten von Hilfe bei Gewalt in Paarbeziehungen zu finden sind (Köberlein, 2010).

Trotz der im vorangegangenen Abschnitt dargestellten positiven Beispiele für gelungene Präventionsangebote zeigt die Bandbreite an Fragen, die Jugendliche im Bereich Partnerschaft und Sexualität haben (siehe Anfang dieses Kapitels) sowie der insgesamt erhöhte Präventionsbedarf bei Jugendlichen in spezifischen Risikokonstellationen, dass es weiterhin ein lohnenswertes Ziel ist, weitere ganzheitliche Programme zu entwickeln, welche Fragen zu Sexualität und Partnerschaftsgestaltung integrieren und diese in eine größeren Zusammenhang der allgemeinen Lebensgestaltung stellen. Zielgruppengenaue Prävention für spezifische Risikogruppen ist dabei ebenso von Bedeutung wie auch paarorientierte Programme, die sich mit der Einübung von konstruktiven Konfliktlösestilen befassen (Wendt, 2016b). Darüber hinaus scheinen Jugendliche auch nur dann von Präventionsprogrammen zu profitieren, wenn diese von hoher Qualität sind, wie sich etwa im Bereich der Gewaltprävention nachweisen lässt (Finkelhor et al., 2014).

Forschung, die sich mit den Wünschen von Jugendlichen an sexualpädagogische Maßnahmen befasst, gibt wichtigen Aufschluss darüber, wie die Angebote gestaltet werden müssen, um Jugendliche effektiv anzusprechen. In einer Studie von pro familia konnten in Gruppendiskussionen 21 Wünsche und Bedarfe an die Gestaltung sexualpädagogischer Programme herausgefiltert werden (pro familia Bundesverband, 2012a), die von pro familia zu 10 Themen zusammengefasst wurden (pro familia Bundesverband, 2012b). So wünschen sich Jugendliche von sexualpädagogischen Programmen unter anderem: 1) Angebote dann, wenn Jugendliche Zeit haben (auch an Abenden oder am Wochenende), 2) Umgebungen/Räume, die gefallen und Wertschätzung vermitteln, 3) Flexibler und offener Empfang der Jugendlichen – auch ohne Anmeldung und mit Freunden/Freundinnen, 4) Schutz und Anerkennung der Privatsphäre, d. h. den Jugendlichen vorurteilsfrei begegnen und die Distanzbedürfnisse der Jugendlichen respektieren, 5) Recht auf Aufklärung und Wissen zu Verhütung und Sexualität, 6) Angebote an Schulen und unter Anerkennung der Rechte, 7) Vorabinformationen über die Angebote zur Verfügung stellen, z. B. über das Internet, 8) in Beratungsstellen kostenlose Kondome sowie die Möglichkeit/Betreuung spontaner Schwangerschaftstests, 9) Langfristige Angebote, die in der Stadt oder in Kooperationen (z. B. mit der Schule) verankert sind, und 10) Partizipation bei den Angeboten und die Möglichkeit, Dank und Wertschätzung gegenüber den Professionellen auszudrücken.

In vier Gruppendiskussionen mit 25 Jugendlichen mit niedriger Bildung konnte gezeigt werden, dass vor allem Informationen zu zwischenmenschlichen und partnerschaftlichen Themen gewünscht werden (Sigl, 2014). Neben dem souveränen Umgang mit den Herausforderungen in sozialen Netzwerken wurde eine Verbesserung von Selbstwert, Kommunikationsfähigkeiten und Emotionsregulation als potenziell nutzbringende Komponenten eines Programms identifiziert. Die Wünsche hinsichtlich der Rahmenbedingungen waren von einer ausdrücklichen Abgrenzung zum Schulalltag geprägt.

Viele Programme beziehen auch die Arbeit mit den Eltern, zumindest in Form von Informationsveranstaltungen, ein. Wie die Studie Jugendsexualität 2015 der BZgA zeigt, sind die Eltern sowohl als Personen der Wissensvermittlung wie auch als Vertrauensperson für sexuelle Fragen für viele Jugendliche von Bedeutung. Aufklärung durch die Eltern findet im Optimalfall nicht nur einmalig in einem bestimmten Alter oder einer bestimmten Jahrgangsstufe statt: »Eine sexualfreundliche Erziehung ist also viel mehr als ›bloße‹ Aufklärung und Informationsvermittlung. Sie findet auch nicht punktuell oder einmalig statt, sondern ist eher eine grundlegende Haltung der Eltern« (Bundeszentrale für gesundheitliche Aufklärung, Auflage: 8.20003.17, S. 37). Dieser Prozess der Aufklärung beginnt schon sehr früh im Säuglingsalter und Kleinkindalter, zunächst über Berührungen, der Einführung spezifischer Begriffe für alle Körperteile inklusive der Geschlechtsteile sowie der Vermittlung von Normen, Scham- und Toleranzgrenzen. Im Grundschulalter geht es zunehmend um die Wissensvermittlung und die Vorbereitung auf die anstehenden körperlichen Veränderungen wie Menstruation und Samenerguss, auf die nach wie vor nicht alle Jugendlichen gut vorbereitet sind (siehe Beginn des Kapitels 7). Die Aufgabe der Eltern ist dabei nicht nur die Vermittlung des Wissens, sondern auch im Verlauf der Entwicklung das nötige Vertrauensverhältnis aufzubauen, damit die Kinder auch im Jugendalter, wenn die Fragen und Probleme konkreter werden, die Eltern als Vertrauensperson erleben können (Wendt, 2016a). Wie die oben dargestellten Befunde der Studie Jugendsexualität 2015 zeigen, sind die Eltern, vor allem die Mütter, neben dem besten Freund/der besten Freundin bei vielen Jugendlichen die wichtigste Vertrauensperson. Viele Jugendliche haben jedoch gar keine Vertrauensperson (um die 10 bis 20 % je nach Gruppe), wobei besonders jüngere Jugendliche (hier die Gruppe der 14-Jährigen), Jugendliche mit Migrationshintergrund und niedriger Bildung besonders häufig keine Vertrauensperson für sexuelle Fragen haben.

Alles in allem zeigt sich im Hinblick auf die Themen Aufklärung und Prävention, dass Anstrengungen in mehreren Kontexten, insbesondere von Elternhaus, Schule und Anbietern außerschulischer Maßnahmen, notwendig sind. Vorhandene Evaluationsbefunde belegen, dass die Jugendlichen hiervon profitieren und entsprechende Anstrengungen zur Entwicklung hochwertiger Programme ein lohnenswertes Ziel sind, um Jugendlichen positive sexuelle und partnerschaftliche Erfahrungen zu ermöglichen und sie so für künftige Partnerschaften und ein glückliches Familienleben stark zu machen.

Literatur

Adam, E., Chyu, L., Hoyt, L. T., Doane, L. D., Boisjoly, J., Duncan, G. & McDade, T. (2011). Adverse adolescent relationship histories and young adult health: Cumulative effects of loneliness, low parental support, relationship instability, intimate partner violence, and loss. *Journal of Adolescent Health, 49,* 278–286.

Adams, R. E., Laursen, B. & Wilder, D. (2001). Characteristics of closeness in adolescent romantic relationships. *Journal of Adolescence, 24,* 353–363.

Aikins, J. W., Simon, V. A. & Prinstein, M. J. (2010). Romantic partner selection and socialization of young adolescents' substance use and behavior problems. *Journal of Adolescence, 33* (6), 813–826.

Ainsworth, M. D. S. (1985). Bindungen im Verlauf des Lebens (Dt. 2003). In K. E. Grossmann & K. Grossmann (Eds.), *Bindung und menschliche Entwicklung. John Bowlby, Mary Ainsworth und die Grundlagen der Bindungstheorie* (S. 341–366). Stuttgart: Klett-Cotta.

Albert, M., Hurrelmann, K., Quenzel, G. & TNS Infratest Sozialforschung. (2015). *Jugend 2015. 17. Shell Jugendstudie.* Frankfurt a. M.: Fischer Taschenbuch.

Allen, J. P. & Tan, J. S. (2016). The multiple facets of attachment in adolescence. In J. Cassidy & P. R. Shaver (Eds.), *Handbook of Attachment. Theory, Research and Clinical Applications. Third Edition* (pp. 399–415). New York: Guilford Press.

Anderson, J. R., Johnson, M. D., Liu, W., Zheng, F., Hardy, N. R. & Lindstrom, R. A. (2014). Young adult romantic relationships in Mainland China: Perceptions of family of origin functioning are directly and indirectly associated with relationship success. *Journal of Social and Personal Relationships, 31* (7), 871–887.

Anderson, S. F., Salk, R. H. & Hyde, J. S. (2015). Stress in Romantic Relationships and Adolescent Depressive Symptoms: Influence of Parental Support. *Journal of Family Psychology, 29* (3), 339–348.

Arnett, J. J. (2000). Emerging adulthood. A theory of development from late teens through the twenties. *American Psychologist, 55* (5), 469–480.

Arránz Becker, O. (2010). *Reliably unstable? The Impact of Partner Biography on Current Relationship Stability.* Paper presented at the 5th ESFR Congress in Milano, 2010.

Aspy, C. B., Vesely, S. K., Oman, R. F., Rodine, S., Marshall, L. & McLeroy, K. (2007). Parental communication and youth sexual behaviour. *Journal of Adolescence, 30,* 449–466.

Ayduk, O., Downey, G. & Kim, M. (2001). Rejection Sensitivity and Depressive Symptoms in Women. *Personality and Social Psychology Bulletin, 27* (7), 868–877.

Baams, L., Dubas, J. S., Overbeek, G. & van Aken, M. A. G. (2015). Transitions in body and behavior: A meta-analytic study on the relationship between pubertal development and adolescent sexual behavior. *Journal of Adolescent Health, 56,* 586–598.

Barter, C. (2009). In the Name of Love: Partner Abuse and Violence in Teenage Relationships. *British Journal of Social Work, 39,* 211–233.

Beckh, K., Wendt, E.-V. & Walper, S. (2004). *Do attachment experiences with mother and best friend spill over into adolescents' romantic relationships?* Paper presented at the 2nd Meeting of the European Society on Family Relations in Fribourg, 14.-16.10., 2004.

Beckh, K., Bröning, S., Walper, S. & Wendt, E.-V. (2013). Liebesbeziehungen junger Erwachsener aus Scheidungsfamilien. Eine Beobachtungsstudie zur intergenerationalen Transmission des Scheidungsrisikos. *Zeitschrift für Familienforschung, 25* (3), 309–330.

Belsky, J. (1999). Modern evolutionary theory and patterns of attachment. In J. Cassidy & P. R. Shaver (Eds.), *Handbook of attachment. Theory, research, and clinical applications* (pp. 141–161). New York, London: The Guilford Press.

Belsky, J., Steinberg, L. D. & Draper, P. (1991). Childhood experience, interpersonal development, and reproductive strategy: An evolutionary theory of socialization. *Child Development, 62,* 647–670.

Beyers, W., Veryser, E. & Verlee, E. (2015). Parent and peer predictors of adolescents' sexual development: Can parents buffer peer influence? *European Journal of Developmental Psychology 12* (5), 599–612.

Bingenheimer, J. B., Asante, E. & Ahiadeke, C. (2015). Peer Influences on Sexual Activity among Adolescents in Ghana. *Studies in Family Planning, 46* (1), 1–19.

Bittner, R. (2012). Queering Sex Education: Young Adult Literature with LGBT Content as Complementary Sources of Sex and Sexuality Education. *Journal of LGBT Youth, 9* (4), 357–372.

Bittner, R., Ingrey, J. & Stamper, C. (2016). Queer and trans-themed books for young readers: a critical review. *Discourse: Studies in the Cultural Politics of Education, 37* (6), 948–964.

Black, M. C., Basile, K. C., Breiding, M. J., Smith, S. G., Walters, M. L., Merrick, M. T., Chen, J. & Stevens, M. R. (2010). *The National Intimate Partner and Sexual Violence Survey (NISVS): 2010 Summary Report.* Atlanta, GA: National Center for Injury Prevention and Control, Centers for Disease Control and Prevention.

Blos, P. (1977). Der zweite Individualisierungs-Prozeß der Adoleszenz. In R. Döbert, J. Habermas & G. Nunner-Winkler (Eds.), *Entwicklung des Ichs* (S. 179–195). Köln: Kiepenheuer & Witsch.

BMFSFJ (2013). *Lebenssituation, Sicherheit und Gesundheit von Frauen in Deutschland. Ergebnisse der repräsentativen Untersuchung zu Gewalt gegen Frauen in Deutschland. Kurzfassung.* Berlin: Bundesministerium für Familie, Senioren, Frauen und Jugend.

Bode, H. & Heßling, A. (2015). *Jugendsexualität 2015. Die Perspektive der 14- bis 25-Jährigen. Ergebnisse einer aktuellen Repräsentativen Wiederholungsbefragung.* Köln: Bundeszentrale für gesundheitliche Aufklärung.

Bodenmann, G. (2003). Welche Bedeutung haben Partnerschaft und Liebe für Jugendliche heute? Eine deskriptive Untersuchung. *Zeitschrift für Familienforschung, 15* (2), 91–104.

Borchardt, I. (2014). Angebote für LGBTI-Jugendliche und ihr soziales Umfeld – Angehörige und Fachleute. Aus dem Projekt: Homosexualität und Familien – eine Herausforderung für familienbezogendes Fachpersonal (2011 bis 2014). In pro familia Bundesverband (Ed.), *Schwule, lesbische und transgender Jugendliche. Ihre Wünsche und Bedarfe in Bezug auf Angebote der SRGR. Forschungsstand und Praxiserfahrungen. pro familia Dokumentation. Expertinnen-Workshop 10.12.2014, Frankfurt am Main* (S. 36–40). Frankfurt am Main: pro familia.

Bowlby, J. (1969/1973/1980, dt. 2006). *Attachment and Loss, Volume 1–3/ Bindung und Verlust, Band 1–3.* London/München: Tavistock Publications/Ernst Reinhardt Verlag.

Braun-Courville, D. K. & Rojas, M. (2009). Exposure to Sexually Explicit Web Sites and Adolescent Sexual Attitudes and Behaviors. *Journal of Adolescent Health, 45* (2), 156–162.

BRAVO-Studie (2009). *Liebe! Körper! Sexualität!. BRAVO Dr.-Sommer-Studie.* München: Bauer Media Group.

BRAVO-Studie (2016). *BRAVO Dr.-Sommer-Studie.* München: Bauer Media Group.

Breiding, M. J., Smith, S. G., Basile, K. C., Walters, M. L., Chen, J. & Merrick, M. T. (2014). Prevalence and Characteristics of Sexual Violence, Stalking, and Intimate Partner Violence Victimization – National Intimate Partner and Sexual Violence Survey, United States, 2011. *Surveillance Summaries, September 5, 2014 / 63(SS08);1–18.*

Brown, B. B. (1999). »You're Going Out with Who?«. Peer Group Influences on Adolescent Romantic Relationships. In W. Furman, B. B. Brown & C. Feiring (Eds.), *The development of romantic relationships in adolescence* (pp. 291–329). Cambridge: University Press.

Brown, B. B., Feiring, C. & Furman, W. (1999). Missing the love boat. Why researchers have shied away from adolescent romance. In W. Furman, B. B. Brown & C. Feiring (Eds.), *The development of romantic relationships in adolescence* (pp. 1–16). Cambridge: Cambridge University Press.

Brown, J. D. & L'Engle, K. L. (2009). X-Rated. Sexual Attitudes and Behaviors Associated With U.S. Early Adolescents' Exposure to Sexually Explicit Media. *Communication Research, 36* (1), 129–151.

Bryant, C. M. & Conger, R. D. (2002). An intergenerational model of romantic relationship development. In A. L. Vangelisti, H. T. Reis & M. A. Fitzpatrick (Eds.), *Stability and change in relationships* (pp. 57–82). New York: Cambridge University Press.

Bundeszentrale für gesundheitliche Aufklärung (2006). *Jugendsexualität. Repräsentative Wiederholungsbefragung von 14- bis 17-Jährigen und ihren Eltern.* Köln: Bundeszentrale für gesundheitliche Aufklärung.

Bundeszentrale für gesundheitliche Aufklärung (2009). *Schwangerschaft und Schwangerschaftsabbruch bei minderjährigen Frauen. Ausgewählte Ergebnisse einer Studie des Bundesverbandes der pro familia, gefördert durch die BZgA.* Köln: Bundeszentrale für gesundheitliche Aufklärung.

Bundeszentrale für gesundheitliche Aufklärung (2010a). *Jugendsexualität. Repräsentative Wiederholungsbefragung von 14- bis 17-Jährigen und ihren Eltern. Aktueller Schwerpunkt Migration.* Köln: Bundeszentrale für gesundheitliche Aufklärung.

Bundeszentrale für gesundheitliche Aufklärung (2010b). *Pressemitteilung: 50 Jahre Pille. Heute das bevorzugte Empfängnisverhütungsmittel in Deutschland. 7.5.2010.* Köln: Bundeszentrale für gesundheitliche Aufklärung.

Bundeszentrale für gesundheitliche Aufklärung (2011). *Jugendsexualität. Fokus Verhütung. Sonderauswertung der repräsentativen Studie Jugendsexualität 2010.* Köln: Bundeszentrale für gesundheitliche Aufklärung.

Bundeszentrale für gesundheitliche Aufklärung (2012). *Rahmenkonzept zur Sexualaufklärung der Bundeszentrale für gesundheitliche Aufklärung in Abstimmung mit den Bundesländern. 18. Auflage.* Köln: Bundeszentrale für gesundheitliche Aufklärung.

Bundeszentrale für gesundheitliche Aufklärung (Auflage 6.200.11.12). *Über Sexualität reden... Zwischen Einschlung und Pubertät.* Köln: Bundeszentrale für gesundheitliche Aufklärung.

Bundeszentrale für gesundheitliche Aufklärung (Auflage: 8.20003.17). *Liebevoll begleiten... Körperwahrnehmung und körperliche Neugier kleiner Kinder. Vom 1. Lebensjahr bis zur Einschulung.* Köln: Bundeszentrale für gesundheitliche Aufklärung.

Byers, E. S., O'Sullivan, L. F. & Brotto, L. A. (2016). Time Out from Sex or Romance: Sexually Experienced Adolescents' Decisions to Purposefully Avoid Sexual Activity or Romantic Relationships. *Journal of Youth and Adolescence, 45* (5), 831–845.

Capaldi, D. M. & Crosby, L. (1997). Observed and reported psychological and physical aggression in young, at-risk couples. *Social Development, 6,* 184–206.

Carlson, W. & Rose, A. J. (2007). The Role of Reciprocy in Romantic Relationships in Middle Childhood and Early Adolescence. *Merrill-Palmer Quarterly, 53* (2), 262–290.

Carnelley, K. B. & Janoff-Bulman, R. (1992). Optimism about love relationships: General vs. Specific Lessons from One's Personal Experiences. *Journal of Social and Personal relationships, 9,* 5–20.

Carver, K., Joyner, K. & Udry, J. R. (2003). National estimates of adolescent romantic relationships. In P. Florsheim (Ed.), *Adolescent romantic relations and sexual behavior: Theory, research, and practical implications* (pp. 23–56). Mahwah, NJ: Lawrence Erlbaum Associates Publishers.

Center for Disease Control and Prevention (2016a). Understanding Teen Dating Violence. *Cencers for Disease Control and Prevention. National Center for Injury Prevention and Control. Division of Violence Prevention. US Department of Health and Human Services, 1-800-CDC-INFO (232–4636).*

Center for Disease Control and Prevention (2016b). Youth risk behavior surveillance – United States, 2015. *Morbidity and Mortality Weekly Report, 65* (6).

Center for Disease Control and Prevention (2017). Youth Risk Behavior Survey (YRBS) 2017. Standard Questionnaire. Item Rationale. *Centers for Diseases Control and Prevention CDC.*

Choo, P., Levine, T. & Hatfield, E. (1996). Gender, Love schemas, and Reactions to romantic break-ups. *Journal of Social Behavior and Personality (Handbook of gender research [special issue]), 11* (5), 143–160.

Christopher, F. S., Poulsen, F. O. & McKenney, S. J. (2016). Early adolescents and "going out": The emergence of romantic relationship roles. *Journal of Social and Personal Relationships, 33* (6), 814–834.

Christopher, S. F. & Sprecher, S. (2000). Sexuality in Marriage, Dating, and other Relationships: A Decade Review. *Journal of Marriage and Family, 62*, 999– 1017.

Coker, T. R., Austin, S. B. & Schuster, M. A. (2010). The Health and Health Care of Lesbian, Gay, and Bisexual Adolescents. *Annual Review of Public Health, 31*, 457–477.

Collins, W. A. & van Dulmen, M. (2006). The course of true love(s)... Origins and pathways in the development of romantic relationships. In A. C. Crouter & A. Booth (Eds.), *Romance and sex in adolescence and emerging adulthood: Risks and opprtunities.* (pp. 63–85). Mahwah: Erlbaum.

Collins, W. A., Welsh, D. P. & Furman, W. (2009). Adolescent romantic relationships. *Annual Review of Psychology, 60*, 631–652.

Collins, W. A., Henninghausen, K. C., Schmit, D. T. & Sroufe, L. A. (1997). Developmental precursors of romantic relationships: A longitudinal analysis. In W. Damon, S. Shulman & W. A. Collins (Eds.), *Romantic relationship in adeloscence: Developmental Perspectives* (pp. 69–84). San Francisco: Jossey-Bass.

Committee on Adolescence. (2014). Addendum–adolescent pregnancy: current trends and issues. *Pediatrics, 133* (5), 954–957.

Conger, R. D., Cui, M., Bryant, C. M. & Elder, G. H. (2000). Competence in Early Adult Romantic Relationships: A Developmental Perspective on Family Influences. *Journal of Personality and Social Psychology, 79* (2), 224–237.

Connolly, J. & Goldberg, A. (1999). Romantic Relationships in Adolescence. The Role of Friends and Peers in Their Emergence and Development. In W. Furman, B. B. Brown & C. Feiring (Eds.), *The development of romantic relationships in adolescence* (pp. 266–290). Cambridge: University Press.

Connolly, J., Furman, W. & Konarski, R. (2000). The role of peers in the emergence of heterosexual romantic relationships in adolescence. *Child Development, 71* (5), 1395–1408.

Connolly, J., Craig, W., Goldberg, A. & Pepler, D. (2004). Mixed-Gender Groups, Dating, and Romantic Relationships in Early Adolescence. *Journal of Research on Adolescence, 14* (2), 185–207.

Connolly, J., Nguyen, H. N. T., Pepler, D., Craig, W. & Jiang, D. (2013). Developmental trajectories of romantic stages and associations with problem behaviours during adolescence. *Journal of Adolescence, 36*, 1013–1024.

Connolly, J., Baird, K., Bravo, V., Lovald, B., Pepler, D. & Craig, W. (2015). Adolescents' use of affiliative and aggressive strategies during conflict with romantic partners and best-friends. *European Journal of Developmental Psychology 12* (5), 549–564.

Connolly, J. A. & Johnson, A. M. (1996). Adolescents' romantic relationships and the structure and quality of their close interpersonal ties. *Personal Relationships, 3* (2), 185–195.

Connolly, J. A. & McIsaac, C. (2009). Romantic Relationships in Adolescence. In R. Lerner & L. Steinberg (Eds.), *Handbook of Adolescent Psychology* (Vol. 2, pp. 104–151). New York: Wiley.

Connolly, J. A., Ben-Knaz, R., Goldberg, A. & Craig, W. (1996). *Conceptions of romance in early adolescence.* Paper presented at the Biennal meeting of the Society for Research on Adolescence in Boston, 1996.

Creasey, G. & Ladd, A. (2004). Negative Mood Regulation Expectancies and Conflict Behaviors in Late Adolescent College Student Romantic Relationships: The Moderating Role of Generalized Attachment Representations. *Journal of Research on Adolescence, 14* (2), 235–255.

Cui, M., Gordon, M. & Wickrama, K. A. S. (2016). Romantic Relationship Experiences of Adolescents and Young Adults: The Role of Mothers' Relationship History. *Journal of Family Issues, 37* (10), 1458–1480.

Cui, M., Ueno, K., Gordon, M. & Fincham, F. D. (2013). The Continuation of Intimate Partner Violence From Adolescence to Young Adulthood. *Journal of Marriage and Family, 75* (2), 300–313.

Cui, M., Ueno, K., Fincham, F. D., Donnellan, M. B. & Wickrama, K. A. S. (2012). The association between romantic relationships and delinquency in adolescence and young adulthood. *Personal Relationships, 19* (2), 354–366.

Dalia Research (2017). *Americans are twice as likely as Europeans to identify as LGBTQ.* Berlin

Darling, N., Cohan, C. L., Burns, A. & Thompson, L. (2008). Within-family conflict behaviors as predictors of conflict in adolescent romantic relations. *Journal of Adolescence, 31* (6), 671–690.

Davies, P. T. & Windle, M. (2000). Middle adolescents' dating pathways and psychosocial adjustment. *Merrill-Palmer Quarterly: Journal of Developmental Psychology, 46*, 90–118.

Davila, J., Stroud, C. B., Starr, L. R., Miller, M. R., Yoneda, A. & Hershenberg, R. (2009). Romantic and sexual activities, parent-adolescent stress, and depressive symptoms among early adolescent girls. *Journal of Adolescence, 32* (4), 909–924.

Davis, D., Shaver, P. R., Widaman, K. F., Vernon, M. L., Follette, W. C. & Beitz, K. (2006). »I can't get no satisfaction«: Insecure attachment, inhibited sexual communication, and sexual dissatisfaction. *Personal Relationships, 13* (4), 465–483.

de Graaf, H., van de Schoot, R., Woertman, L., Hawk, S. T. & Meeus, W. (2012). Family Cohesion and Romantic and Sexual Initiation: A Three Wave Longitudinal Study. *Journal of Youth and Adolescence, 41* (5), 583–592.

de Graaf, H., Vanwesenbeeck, I., Meijer, S., Woertman, L. & Meeus, W. (2009). Sexual trajectories during adolescence: relation to demographic characteristics and sexual risk. *Archives of Sexual Behavior, 38* (2), 276–282.

DeLuca, H. K., Claxton, S. E., Baker, E. A. & van Dulmen, M. H. M. (2015). I get by with a little help from my friends: Examining the peer context of satisfaction with casual sexual relationships and experiences. *European Journal of Developmental Psychology 12* (5), 565–578.

Derefinko, K. J., Peters, J. R., Eisenlohr-Moul, T. A., Walsh, E. C., Adams, Z. W. & Lynman, D. R. (2014). Relations between trait impulsivity, behavioral impulsivity, physiological arousal, and risky sexual behavior among young men. *Archives of Sexual Behavior, 43,* 1149–1158.

Deutscher Paritätischer Wohlfahrtsverband, Landesverband B.-W. (2010). *Heartbeat – Herzklopfen. Beziehungen ohne Gewalt. Ein Arbeitspaket zur schulischen und außerschulischen Prävention von Gewalt in intimen Teenagerbeziehungen.* Stuttgart.

DGGG (2010). *Empfängnisverhütung. Familienplanung in Deutschland. (ehemals S1-Leitlinie, AWMF 015/015; seit 1.9.2010 eingestuft als »sonstiger Text« der DGGG*: Deutsche Gesellschaft für Gynäkologie und Geburtshilfe (DGGG).

Diamond, L. (2013). Sexual-minority, gender-nonconforming, and transgender adolescents. In D. S. Bromberg & W. T. O'Donohue (Eds.), *Handbook of Child and Adolescent Sexuality: Developmental and Forensic Psychology* (pp. 275–300). Amsterdam: Elsevier Press.

Diamond, L. & Savin-Williams, R. C. (2009). Adolescent Sexuality. In L. Lerner & L. Steinberg (Eds.), *Handbook of adolescent psychology, 3rd Edition* (pp. 479–523). New York: Wiley.

Diamond, L. M. & Savin-Williams, R. C. (2011). Sexuality. In B. B. Brown & M. J. Prinstein (Eds.), *Encyclopedia of Adolescence* (Vol. 2, pp. 314–321). New York: Academic Press.

Diamond, L. M., Savin-Williams, R. C. & Dubè, E. M. (1999). Sex, Dating, Passionate Friendships, and Romance. Intimate Peer Relations Among Lesbian, Gay, and Bisexual Adolescents. In W. Furman, B. B. Brown & C. Feiring (Eds.), *The Development of Romantic Relationships in Adolescence* (pp. 175–210). Cambridge: University Press.

Doughty, S. E., Lam, C. B., Stanik, C. E. & McHale, S. M. (2015). Links Between Sibling Experiences and Romantic Competence from Adolescence Through Young Adulthood. *Journal of Youth and Adolescence, 44* (11), 2054–2066.

Dreher, M. & Dreher, E. (1997). Entwicklungsaufgaben im Jugendalter – Urteilstendenzen im Wandel des Jahrzehnts. In J. Glück (Ed.), *13. Tagung für Entwicklungspsychologie. Kurzfassungen* (S. 37). Wien: Universität Wien.

Dunphy, D. C. (1963). The social structure of urban adolescent peer groups. *Sociometry, 26,* 230–246.

Dworin, A. (1990). *Pornografie: Männer beherrschen Frauen. Mit einem Vorwort von Alice Schwarzer. 2. Auflage.* Frankfurt: Fischer Taschenbuch.

Eklund, J. M., Kerr, M. & Stattin, H. (2010). Romantic relationships and delinquent behaviour in adolescence: The moderating role of delinquency propensity. *Journal of Adolescence, 33* (3), 377–386.

Ellis, B. J. & Graber, J. (2000). Psychosocial Antecedents of Variation in Girls' Pubertal Timing: Maternal Depression, Stepfather Presence, and Marital and Family Stress. *Child Development, 71* (2), 485–501.

Erikson, E. H. (1968). *Identity: Youth and Crisis.* New York: Norton.

Eschenbeck, H. & Knauf, R.-K. (2018). Entwicklungsaufgaben und ihre Bewältigung. In A. Lohaus (Ed.), *Entwicklungspsychologie des Jugendalters* (S. 23–50). Berlin: Springer.

Espinosa-Hernández, G., Bissell-Havran, J., van Duzor, A. & Halgunseth, L. C. (2017). Romantic relationships in Mexico: Understanding the role of parenting and respeto in adolescence. *Journal of Social and Personal Relationships, 34* (7), 1070–1079.

Eurostat (2018). *Lebendgeburten nach Geburtsjahr der Mutter (erreichtem Alter) und gesetzlichem Familienstand.* Anzeige der Daten für Deutschland für das Jahr 2014. Luxemburg.

Feeney, J. A. & Noller, P. (1990). Attachment Style as a Predictor of Adult Romantic Relationships. *Journal of Personality and social Psychology, 58* (2), 281–291.

Feeney, J. A., Kelly, L., Gallois, C., Peterson, C. & Terry, D. J. (1999). Attachment style, assertive communication, and safer-sex behavior. *Journal of Applied Social Psychology, 29* (9), 1964–1983.

Feiring, C. (1999). Other-Sex Friendship Networks and the Development of Romantic Relationships in Adolescence. *Journal of Youth and Adolescence, 28* (4), 495–512.

Fend, H. (2005). *Entwicklungspsychologie des Jugendalters. Ein Lehrbuch für pädagogische und psychologische Berufe. Nachdruck der 3., durchgesehenen Auflage von 2003.* Opladen: Leske + Budrich.

Fingerhut, A. W. & Peplau, L. A. (2013). Same-Sex Romantic Relationships. In C. J. Patterson & A. R. D'Augelli (Eds.), *Handbook of Psychology and Sexual Orientation* (pp. 165–178). Oxford: Oxford University Press.

Finkelhor, D., Vanderminden, J., Turner, H., Shattuck, A. & Hamby, S. (2014). Youth exposure to violence prevention programs in a national sample. *Child Abuse and Neglect, 38* (4), 677–686.

Fischer, C. T. & Alapack, R. A. (1987). A phenomenological approach to adolescence. In L. van Hasselt (Ed.), *Handbook of adolescence psychology* (pp. 91–109). New York: Wiley.

Fleer, B., Klein-Heßling, J. & Hassebrauck, M. (2002). Konzepte der Qualität von Paarbeziehungen im Jugendalter. *Zeitschrift für Entwicklungspsychologie und Pädagogische Psychologie, 34* (1), 21–29.

Foshee, V. A., McNaughton Reyes, H. L., Gottfredson, N. C., Chang, L.-Y. & Ennett, S. T. (2013). A Longitudinal Examination of Psychological, Behavioral, Academic, and Relationship Consequences of Dating Abuse Victimization Among a Primarily Rural Sample of Adolescents. *Journal of Adolescent Health, 53* (6), 723–729.

Fraley, C. R. & Davis, K. E. (1997). Attachment formation and transfer in young adults' close friendships and romantic relationships. *Personal Relationships, 4,* 131–144.

Freeman, H. & Brown, B. B. (2001). Primary Attachment to Parents and Peers During Adolescence: Differences by Attachment Style. *Journal of Youth and Adolescence, 30* (6), 653–674.

Freud, A. (1958). Adolescence. *Psychoanalytic Study of the Child, 13,* 255–278.

Friedlander, L. J., Connolly, J. A., Pepler, D. J. & Craig, W. M. (2007). Biological, familial, and peer influences on dating in early adolescence. *Archives of Sexual Behavior, 36,* 821–830.

Furman, W. & Collibee, C. (2014). A matter of timing: Developmental theories of romantic involvement and psychosocial adjustment. *Development and Psychopathology, 26,* 1149–1160.

Furman, W. & Collins, W. A. (2008). Adolescent romantic relationships and experiences. In K. H. Rubin, W. Bukowski & B. Laursen (Eds.), *Handbook of Peer Interactions, Relationships, and Groups* (pp. 341–360). New York: Guilford.

Furman, W. & Shaffer, L. (2003). The role of romantic relationships in adolescent development. In P. Florsheim (Ed.), *Adolescent romantic relations and sexual behavior: Theory, research, and practical implications* (pp. 3–22). Mahwah, NJ: Lawrence Erlbaum Associates Publishers.

Furman, W. & Simon, V. A. (1999). Cognitive representations of adolescent romantic relationships. In W. Furman, B. B. Brown & C. Feiring (Eds.), *The development of romantic relationships in adolescence* (pp. 75–98). Cambridge: Cambridge University Press.

Furman, W. & Simon, V. A. (2006). Actor and Partner Effects of Adolescents' Romantic Working Models and Styles on Interactions with Romantic Partners. *Child Development, 77* (3), 588–604.

Furman, W. & Wehner, E. A. (1994). Romantic views: Toward a theory of adolescent romantic relationships. In R. Montemayor, G. R. Adams & T. P. Gullotta (Eds.), *Personal relationships during adolescence* (Advances in adolescent development: An annual book series, Vol. 6., pp. 168–195). Thousand Oaks, CA: Sage Publications, Inc.

Furman, W. & Wehner, E. A. (1997). Adolescent romantic Relationships: A developmental perspective. In W. Damon, S. Shulman & W. A. Collins (Eds.), *Romantic relationship in adolescence: Developmental Perspectives* (pp. 21–36). San Francisco.

Furman, W., Brown, B. B. & Feiring, C. (1999). *The development of romantic relationships in adolescence.* Cambridge: University Press.

Furman, W., Simon, V. A., Shaffer, L. & Bouchey, H. A. (2002). Adolescents' working models and styles for relationships with parents, friends, and romantic partners. *Child Development, 73*, 241–255.

Gernert, J. (2010). *Generation Porno. Jugend, Sex, Internet.* Köln: Fackelträger.

Gesundheitsförderung Schweiz (2017). Faktenblatt 19. Geschlechtliche und sexuelle Minderheiten in Gesundheitsförderung und Prävention. Zielgruppe Kinder und Jugendliche. *Gesundheitsförderung Schweiz Faktenblatt 19.*

Giordano, P. C., Phelps, K. D., Manning, W. D. & Longmore, M. A. (2008). Adolescent academic achievement and romantic relationships. *Social Science Research, 37* (1), 37–54.

Godbout, N., Daspe, M.-È., Lussier, Y., Sabourin, S., Dutton, D. & Hébert, M. (2016). Early Exposure to Violence, Relationship Violence, and Relationship Satisfaction in Adolescents and Emerging Adults: The Role of Romantic Attachment. *Psychological Trauma: Theory, Research, Practice, and Policy, Advance online publication.*

Graber, J. A., Brooks Gunn, J. & Warren, M. P. (1995). The antecedents of menarcheal age: Heredity, family environment, and stressful life events. *Child Development, 66* (2), 346–359.

Gray, M. R. & Steinberg, L. (1999). Adolescent Romance and the Parent-Child Relationship. A Contextual Perspecitve. In W. Furman, B. B. Brown

& C. Feiring (Eds.), *The development of romantic relationships in adolescence* (pp. 253–265). Cambridge: University Press.

Grello, C. M., Welsh, D. P., Harper, M. S. & Dickson, J. W. (2003). Dating and Sexual Relationship Trajectories and Adolescent Functioning. *Adolescent and Family Health, 3* (3), 103–112.

Grossmann, K. & Grossmann, K. E. (2012). *Bindungen. Das Gefüge psychischer Sicherheit. 5., völlig überarbeitete Auflage.* Stuttgart: Klett-Cotta.

Grych, J. H. & Fincham, F. D. (1990). Marital conflict and children's adjustment: A cognitive-contextual framework. *Psychological Bulletin, 108,* 267–290.

Guttmacher Institute (2017). Adolescent Sexual and Reproductive Health in the United States. Fact Sheet. *Guttmacher Institute,* https://www.guttmacher.org/fact-sheet/american-teens-sexual-and-reproductive-health.

Häggström-Nordin, E., Sandberg, J., Hanson, U. & Tydén, T. (2006). ‹It's everywhere!' Young Swedish people's thoughts and reflections about pornography. *Scandinavian Journal of Caring Sciences, 20* (4), 386–393.

Halpern, C. T. (2003). Biological influences on adolescent romantic and sexual behavior. In P. Florsheim (Ed.), *Adolescent romantic relations and sexual behavior: Theory, research, and practical implications* (pp. 57–84). Mahwah, NJ: Lawrence Erlbaum Associates Publishers.

Halpern, C. T., Spriggs, A. L., Martin, S. L. & Kupper, L. L. (2009). Patterns of intimate partner violence victimization from adolescence to young adulthood in a nationally representative sample. *The Journal of adolescent health : official publication of the Society for Adolescent Medicine, 45* (5), 508–516.

Hare, A. L., Miga, E. M. & Allen, J. P. (2009). Intergenerational Transmission of Aggression in Romantic Relationships: The Moderating Role of Attachment Security. *Journal of Family Psychology, 23* (6), 808–818.

Havighurst, R. J. (1948). *Developmental tasks and education.* New York: David McKay.

Hazan, C. & Shaver, P. (1987). Romantic Love Conceptualized as an Attachment Process. *Journal of Personality and Social Psychology, 52* (3), 511–524.

Hazan, C. & Zeifman, D. (1994). Sex and the psychological tether. In K. Bartholomew & D. Perlman (Eds.), *Attachment processes in adulthood* (Advances in personal relationships, Vol. 5., pp. 151–178). London: Jessica Kingsley Publishers.

Heiliger, A. (2008). Zu Wirkungen von Pornografie auf Jugendliche. Aktuelle internationale Studien. *IzKK-Nachrichten. Informationszentrum Kindes-*

misshandlung / Kindesvernachlässigung des Deutschen Jugendinstituts e. V., 2008/1, 33–37.

Hellmann, D. F. (2014). *Repräsentativbefragung zu Viktimisierungserfahrungen in Deutschland.* Hannover: Kriminologisches Forschungsinstitut Niedersachsen e. V.

Hofherr, S. (2017). *Wissen von Schülerinnen und Schülern über sexuelle Gewalt in pädagogischen Kontexten. Kurzbericht über zentrale Ergebnisse.* München: Deutsches Jugendinstitut.

Hofherr, S. & Kindler, H. (2018). Sexuelle Übergriffe in Schulen aus der Sicht von Schülerinnen und Schülern. Zusammenhänge zum Erleben von Schule und der Bereitschaft zur Hilfesuche. *Zeitschrift für Pädagogik, 64*, 95–110.

Human Rights Campaign (2018). *Growing Up LGBT in America.* View and Share Statistics. Washington, USA.

International Planned Parenthood Federation (IPPF) (2010). *IPPF Framework for Comprehensive Sexuality Education (CSE). May 2006, updated January 2010.* London: IPPF.

Jacobs, W., Jeon, K. C., Goodson, P. & Valente, T. W. (2015). What's love got to do with it? Adolescent romantic networks and substance use. *International Journal of Adolescence and Youth, 21* (4), 513–522.

Jessor, J. (2016). *The origins and development of problem behavior theory. The collected work of Richard Jessor.* Switzerland: Springer International Publishing.

Johns, M. M., Zimmerman, M. & Bauermeister, J. A. (2013). Sexual Attraction, Sexual Identity, and Psychosocial Wellbeing in a National Sample of Young Women During Emerging Adulthood. *Journal of Youth and Adolescence, 42* (1), 82–95.

Jones, L., Mitchell, K. & Finkelhor, D. (2011). Trends in youth internet victimization: Findings from three youth internet safety surveys 2000–2011. *Journal of Adolescent Health, 50*, 179–186.

Jones, M. C. & Furman, W. (2011). Representations of Romantic Relationships, Romantic Experience and Sexual Behavior in Adolescence. *Personal Relationships, 18* (1), 144–164.

Kahl, H., Schaffrath Rosario, A. & Schlaud, M. (2007). Sexuelle Reifung von Kindern und Jugendlichen in Deutschland. Ergebnisse des Kinder- und Jugendgesundheitssurveys (KiGGS). *Bundesgesundheitsblatt – Gesundheitsforschung – Gesundheitsschutz, 50*, 677–685.

Kim, K. & Smith, P. K. (1999). Family relations in early childhood and reproductive development. *Journal of Reproductive and Infant Psychology, 17* (2), 133– 147.

Kindelberger, C. & Tsao, R. (2014). Staying Alone or Getting Attached: Development of the Motivations Toward Romantic Relationships During Adolescence. *The Journal of Genetic Psychology: Research and Theory on Human Developmental Psychology, 175* (2), 147–162.

Kirby, D. (2011). Risky sexual behavior. In B. B. Brown & M. J. Prinstein (Eds.), *Encyclopedia of adolescence* (Vol. 3, pp. 264–275). New York: Academic Press.

Klein, A. & Sager, C. (2010). Wandel der Jugendsexualität in der Bundesrepublik. In M. Schetsche & R.-B. Schmidt (Eds.), *Sexuelle Verwahrlosung. Empirische Befunde – Gesellschaftliche Diskurse – Sozialethische Reflexionen* (S. 95–118). Wiesbaden: VS Verlag für Sozialwissenschaften.

Klocke, U. (2014). Akzeptanz sexueller Vielfalt an Berliner Schulen. In pro familia Bundesverband (Ed.), *Schwule, lesbische und transgender Jugendliche. Ihre Wünsche und Bedarfe in Bezug auf Angebote der SRGR. Forschungsstand und Praxiserfahrungen. pro familia Dokumentation. Expertinnen-Workshop 10.12.2014, Frankfurt am Main* (S. 21–30). Frankfurt am Main: pro familia.

Kluge, N. (1998). *Sexualverhalten Jugendlicher heute. Ergebnisse einer repräsentativen Jugend- und Elternstudie über Verhalten und Einstellungen zur Sexualität.* Weinheim: Juventa Verlag.

Köberlein, L. (2010). *Präsentation des EU-Daphne-Projekts »Heartbeat« zur Prävention von Gewalt in Teenagerbeziehungen.* Paper presented at the Fachtagung zur Prävention von Gewalt in intimen Teenagerbeziehungen in Stuttgart, 18.6.2010.

Kochendorfer, L. B. & Kerns, K. A. (2017). Perceptions of Parent-Child Attachment Relationships and Friendship Qualities: Predictors of Romantic Relationship Involvement and Quality in Adolescence. *Journal of Youth and Adolescence, 46* (4), 1009–1021.

Kogan, S. M., Brody, G. H., Gibbons, F. X., Chen, Y.-F., Grange, C. M., Simons, R. L. & Cutrona, C. (2011). Mechanisms of family impact on African American adolescents' HIV-related behavior. *Journal of Research on Adolescence, 21,* 361–375.

Kohler, P. K., Manhart, L. E. & Lafferty, W. E. (2008). Abstinence-only and comprehensive sex education and the initiation of sexual activity and teen pregnancy. *Journal of Adoscent Health, 42* (4), 344–351.

Konrad, K. & König, J. (2018). Biopsychologische Veränderungen. In A. Lohaus (Ed.), *Entwicklungspsychologie des Jugendalters* (S. 1–21). Berlin: Springer.

Kooperationsverbund Gesundheitliche Chancengleichheit (2013). *Gute Praxis* (www.gesundheitliche-chancengleichheit.de).

Kosciew, J. G., Greytak, E. A. & Diaz, E. M. (2009). Who, What, Where, When, and Why: Demographic and Ecological Factors Contributing to Hostile School Climate for Lesbian, Gay, Bisexual, and Transgender. *Youth Journal of Youth and Adolescence, 38* (7), 976–988.

Krahé, B. & Scheinberger-Olwig, R. (2002). *Sexuelle Aggression – Verbreitungsgrad und Risikofaktoren bei Jugendlichen und jungen Erwachsenen*: Hogrefe.

Krahé, B., Bieneck, S. & Scheinberger-Olwig, R. (2004). Sexuelle Skripts im Jugendalter. *Zeitschrift fuer Sozialpsychologie, 35* (4), 241–260.

Krahé, B., Bieneck, S. & Scheinberger-Olwig, R. (2007). The role of sexual scripts in sexual aggression and victimization. *Archives of Sexual Behavior, 36* (5), 687–701.

Krahé, B., Scheinberger-Olwig, R. & Kolpin, S. (2000). Ambiguous Communication of Sexual Intention as a Risk Marker of Sexual Aggression. *Sex Roles, 42* (5/6), 313–337.

Krahé, B., Tomaszewska, P., Kuyper, L. & Vanwesenbeeck, I. (2014). Prevalence of sexual aggression among young people in Europe: A review of the evidence from 27 EU countries. *Aggression and Violent Behavior, 19* (5), 545–558.

Krell, C. (2013). *Abschlussbericht der Pilotstudie »Lebenssituationen und Diskriminierungserfahrungen von homosexuellen Jugendlichen in Deutschland«*. München: Deutsches Jugendinstitut.

Krell, C. & Oldemeier, K. (2015). *Coming-out – und dann...?! Ein DJI-Forschungsprojekt zur Lebenssituation von lesbischen, schwulen, bisexuellen und trans* Jugendlichen und jungen Erwachsenen. Unter Mitarbeit von Sebastian Müller*. München: Deutsches Jugendinstitut.

Krell, C. & Oldemeier, K. (2017). *Coming-out – und dann...?! Coming-out-Verläufe und Diskriminierungserfahrungen von lesbischen, schwulen, bisexuellen, trans* und queeren Jugendlichen und jungen Erwachsenen in Deutschland*. Opladen: Barbara Budrich.

Lam, T. H., Shi, H. J., Ho, L. M., Stewart, S. M. & Fan, S. (2002). Timing of Pubertal Maturation and Heterosexual Behavior Among Hong Kong Chinese Adolescents. *Archives of Sexual Behavior, 31* (4), 359–366.

Larson, R. W., Clore, G. L. & Wood, G. A. (1999). The Emotions of Romantic Relationships. Do They Wreak Havoc on Adolescents? In W. Furman, B. B. Brown & C. Feiring (Eds.), *The development of romantic relationships in adolescence* (pp. 19–49). Cambridge: Cambridge University Press.

Laumann, E. O., Gagnon, J. H., Michael, R. T. & Michaels, S. (1994). *The social organization of sexuality: Sexual practices in the United States*. Chicago: The University of Chicago Press.

Lavoie, F., Robitaille, L. & Hébert, M. (2000). Teen Dating Relationships and Aggression: An Exploratory Study. *Violence Against Women, 6* (1), 6–36.

Lee, M. S., Begun, S., DePrince, A. P. & Chu, A. T. (2016). Acceptability of Dating Violence and Expectations of Relationship Harm Among Adolescent Girls Exposed to Intimate Partner Violence. *Psychological Trauma: Theory, Research, Practice, and Policy, 8* (4), 487–494.

Lehmann, F. (2011). *Kriterien guter Praxis in der Gesundheitsförderung bei sozial Benachteiligten: Ansatz – Beispiele – weiterführende Informationen.* Köln: Bundeszentrale für gesundheitliche Aufklärung.

Liu, R. T. & Mustanski, B. (2013). Suicidal Ideation and Self-Harm in Lesbian, Gay, Bisexual, and Transgender Youth. *American Journal of Preventive Medicine, 42* (3), 221–228.

Löfgren-Mårtenson, L. & Månsson, S.-A. (2010). Lust, Love, and Life: A Qualitative Study of Swedish Adolescents' Perceptions and Experiences with Pornography. *Journal of Sex Research, 47* (6), 568–579.

Luder, M.-T., Pittet, I., Berchtold, A., Akré, C., Michaud, P.-A. & Surís, J.-C. (2011). Associations Between Online Pornography and Sexual Behavior Among Adolescents: Myth or Reality? *Archives of Sexual Behavior, 40* (5), 1027–1035.

Lux, U. & Walper, S. (2016). Partnerschaftsbeziehungen nach einer Trennung. Vor- und Nachteile gegenüber ersten Liebesbeziehungen. *Psychotherapeut, 16* (1), Schwerpunkt: Liebesbeziehungen.

Lux, U., Wendt, E.-V., Kindler, H. & Walper, S. (2017). Partnerschaftsgewalt im Jugendalter: Welche Rolle spielt die Bindung zu Eltern und zum Partner? *Poster präsentiert auf dem XXXV. Kongress der Deutschen Gesellschaft für Kinder- und Jugendpsychiatrie, Psychosomatik und Psychotherapie e. V., 22. bis 25. März 2017 in Ulm.*

Madsen, S. D. & Collins, W. A. (2011). The Salience of Adolescent Romantic Experiences for Romantic Relationship Qualities in Young Adulthood. *Journal of Research on Adolescence, 21* (4), 789–801.

Martin, B. (1990). The transmission of relationship difficulties from one generation to the next. *Journal of Youth and Adolescence, 19* (3), 181–220.

Martin, P. & Olson, S. (1996). Die Übertragung von Interaktionsmustern zwischen Generationen. In W. Edelstein, K. Kreppner & D. Sturzbecher (Eds.), *Familie und Kindheit im Wandel* (S. 287–296). Potsdam: Verlag für Berlin-Brandenburg.

Maschke, S. & Stecher, L. (2017). *Sexualisierte Gewalt in der Erfahrung Jugendlicher. Öffentlicher Kurzbericht.* Marburg, Gießen: Philipps-Universität Marburg, Justus-Liebig Universität Gießen.

Mastro, S. & Zimmer-Gembeck, M. J. (2015). Let's talk openly about sex: Sexual communication, self-esteem and efficacy as correlates of sexual wellbeing. *European Journal of Developmental Psychology 12* (5), 579–598.

Matthiesen, S. (2008). Wenn Verhütung scheitert – Qualitative und quantitative Analysen zu Verhütungspannen bei Jugendlichen. Ergebnisse eines Pro Familia Forschungsprojekts. *Zeitschrift für Sexualforschung, 21,* 1–25.

Matthiesen, S. (2013). *Jugendsexualität im Internetzeitalter. Eine qualitative Studie zu sozialen und sexuellen Beziehungen von Jugendlichen. Gefördert und im Auftrag der Bundeszentrale für gesundheitliche Aufklärung* (Vol. 21). Köln: Bundeszentrale für gesundheitliche Aufklärung.

Matthiesen, S. & Schmidt, G. (2009). Sexuelle Erfahrungen und Beziehungen adoleszenter Frauen. Qualitative Interviews mit 60 Teenagern, die ungewollt schwanger wurden. *Zeitschrift für Sexualforschung, 22,* 97–120.

Matthiesen, S., Martyniuk, U. & Dekker, A. (2011). »What do girls do with porn?« Ergebnisse einer Interviewstudie, Teil 1. *Zeitschrift für Sexualforschung, 24,* 326–352.

Maywald, J. (2013). *Sexualpädagogik in der Kita. Kinder schützen, stärken, begleiten.* Freiburg: Herder.

McCabe, K. M. (1997). Sex differences in the long term effects of divorce on children: Depression and heterosexual relationship difficulties in the young adult years. *Journal of Divorce & Remarriage, 27* (1/2), 123–134.

Mendle, J., Ferrero, J., Moore, S. R. & Harden, K. P. (2013). Depression and adolescent sexual activity in romantic and nonromantic relational contexts: A genetically-informative sibling comparison. *Journal of Abnormal Psychology, 122,* 51–63.

Miller, B. (2017). What Are the Odds: An Examination of Adolescent Interracial Romance and Risk for Depression. *Youth & Society, 49* (2), 180–202.

Miller, B. C. (2002). Family Influences on Adolescent Sexual and Contraceptive Behavior. *The Journal of Sex Research, 39* (1), 22–26.

Miller, B. C. & Benson, B. (1999). Romantic and Sexual Relationship Development During Adolescence. In W. Furman, B. B. Brown & C. Feiring (Eds.), *The development of romantic relationships in adolescence* (pp. 99–121). Cambridge: University Press.

Miller, B. C., Benson, B. & Galbraith, K. A. (2001). Family Relationships and Adolescent Pregnancy Risk: A Research Synthesis. *Developmental Review, 21,* 1– 38.

Moffit, T. E., Caspi, A., Belsky, J. & Silva, P. A. (1992). Childhood Experience and the Onset of Menarche: A Test of Sociobiological Model. *Child Development, 63,* 47–58.

Mohr, J. J. & Jackson, S. D. (2016). Same-sex romantic attachment. In J. Cassidy & P. R. Shaver (Eds.), *Handbook of Attachment. Theory, Research and Clinical Applications* (pp. 484–506). New York: Guilford Press.

Monahan, K. & Lee, J. (2008). Adolescent sexual activity: Links between relational context and depressive symptoms. *Journal of Youth and Adolescence, 37,* 917–927.

Monroe, S. M., Rohde, P., Seeley, J. R. & Lewinsohn, P. M. (1999). Life events and Depression in Adolescence: Relationship Loss as a Prospective Risk Factor for First Onset of Major Depressive Disorder. *Journal of Abnormal Psychology, 108* (4), 606–614.

Moore, S. R., Harden, K. P. & Mendle, J. (2014). Pubertal Timing and Adolescent Sexual Behavior in Girls. *Developmental Psychology, 50* (6), 1734–1745.

Müller, L. (2014). Fragen, Unklarheit und Verwirrung – Erfahrungen aus der In&Out-Emailberatung mit trans*, lesbischen, schwulen, bisexuellen, genderqueeren, heterosexuellen und anderen Jugendlichen und jungen Erwachsenen. In pro familia Bundesverband (Ed.), *Schwule, lesbische und transgender Jugendliche. Ihre Wünsche und Bedarfe in Bezug auf Angebote der SRGR. Forschungsstand und Praxiserfahrungen. pro familia Dokumentation. Expertinnen-Workshop 10.12.2014, Frankfurt am Main* (S. 14–20). Frankfurt am Main: pro familia.

Mustanski, B. & Liu, T. R. (2012). A Longitudinal Study of Predictors of Suicide Attempts Among Lesbian, Gay, Bisexual, and Transgender Youth. *Arch Sex Behav, 42,* 437–448.

Mustanski, B. S., Garofalo, R. & Emerson, E. M. (2010). Mental Health Disorders, Psychological Distress, and Suicidality in a Diverse Sample of Lesbian, Gay, Bisexual, and Transgender Youths. *American Journal of Public Health, 100* (12), 2426–2432.

Neberich, W., Penke, L., Lehnart, J. & Asendorpf, J. B. (2010). Family of origin, age at menarche, and reproductive strategies: A test of four evolutionary-developmental models. *European Journal of Developmental Psychology, 7* (2), 153–177.

Neemann, J., Hubbard, J. & Masten, A. S. (1995). The changing importance of romantic relationship involvement to competence from late childhood to late adolescence. *Development and Psychopathology, 7,* 727–750.

Negriff, S. & Susman, E. J. (2011). Pubertal timing, depression, and externalizing problems: A framework, review, and examination of gender differences *Journal of Research on Adolescence, 21,* 717–746.

Neyer, F. J. & Lehnart, J. (2007). Relationships matter in personality development: Evidence from an 8-year longitudinal study across young adulthood. *Journal of Personality, 75* (3), 535–568.

Nieder, T. & Seiffge-Krenke, I. (2001). Coping with stress in different phases of romantic development. *Journal of Adolescence, 24*, 297–311.

Norona, J. C., Roberson, P. N. E. & Welsh, D. P. (2017). »I Learned Things That Make Me Happy, Things That Bring Me Down«: Lessons From Romantic Relationships in Adolescence and Emerging Adulthood. *Journal of Adolescent Research, 32* (2), 155–182.

Oerter, R. & Dreher, E. (2008). Jugendalter. In R. Oerter & L. Montada (Eds.), *Entwicklungspsychologie (6., vollständig überarbeitete Auflage)* (S. 271–332). Weinheim: Beltz.

Orpinas, P., Horne, A. M., Song, X., Reeves, P. M. & Hsieh, H. L. (2013). Dating trajectories from middle to high school: Association with academic performance and drug use. *Journal of Research on Adolescence, 23*, 772–784.

Owens, E. W., Behun, R. J., Manning, J. C. & Reid, R. C. (2012). The Impact of Internet Pornography on Adolescents: A Review of the Research. *Sexual Addiction & Compulsivity, 19* (1–2), 99–122.

Parkes, A., Waylen, A., Saval, K., Heron, J., Henderson, M., Wight, D. & Mcleoud, J. (2014). Which behavioral, emotional and school problems in middle-childhood predict early sexual behavior? *Journal of Youth and Adolescence, 43*, 507–527.

Patrick, H., Knee, R. C., Canevello, A. & Lonsbary, C. (2007). The role of need fulfillment in relationship functioning and well-being: A self-determination theory perspective. *Journal of Personality and Social Psychology, 3*, 434–457.

Persike, M. & Seiffge-Krenke, I. (2014). Is stress percieved differently in relationships with parents and peers? Inter- and intra-regional comparisons on adolescents from 21 nations. *Journal of Adolescence, 37*, 493–504.

Peter, J. & Valkenburg, P. M. (2007). Adolescents' Exposure to a Sexualized Media Environment and Their Notions of Women as Sex Objects. *Sex Roles, 56* (5–6), 381–395.

Peter, J. & Valkenburg, P. M. (2008). Adolescents' Exposure to Sexually Explicit Internet Material and Sexual Preoccupancy: A Three-Wave Panel Study. *Media Psychology, 11* (2), 207–234.

Peter, J. & Valkenburg, P. M. (2010). Processes Underlying the Effects of Adolescents' Use of Sexually Explicit Internet Material: The Role of Perceived Realism. *Communication Research, 37* (3), 375–399.

Peçi, B. (2017). Peer Influence and Adolescent Sexual Behavior Trajectories: Links to Sexual Initation. *European Journal of Multidisciplinary Studies, 4* (3), 96–105.

Pingel, E. S., Bauermeister, J. A., Elkington, K. S., Fergus, S., Caldwell, C. H. & Zimmerman, M. A. (2012). Condom use trajectories in adolescence and the transition to adulthood: The role of mother and father support. *Journal of Research on Adolescence, 22,* 350–366.

Plies, K., Nickel, B. & Schmidt, P. (1999). *Zwischen Lust und Frust. Jugendsexualität in den 90er Jahren. Ergebnisse einer repräsentativen Studie in Ost- und Westdeutschland.* Opladen: Leske + Budrich.

Potard, C., Courtois, R. & Rusch, E. (2008). The influence of peers on risky sexual behaviour during adolescence. *The European Journal of Contraception & Reproductive Health Care, 13* (3), 264–270.

pro familia (2018). Sexualpädagogik. *https://*www.profamilia.de/themen/se¬xualpaedagogik.html, *Zuletzt aufgerufen am 20.5.2018.*

pro familia Bundesverband (2011). *Jetzt erst Recht. Eine Handreichung für menschenrechtsbasierte Sexualpädagogik mit Jugendlichen. Mit drei Praxisbeispielen. pro familia Reihe Sexualpädagogik.* Frankfurt: pro familia Bundesverband.

pro familia Bundesverband (2012a). *bunt, flexibel, rechtebasiert. 21 Wünsche und Bedarfe von Jugendlichen in Bezug auf außerschulische sexualpädagogsiche Programme. Praxis-Forschungsprojekt zur Entwicklung qualitativer Indikatoren für jugendfreundliche Angebote in den Bereichen der sexuellen und reproduktiven Gesundheit und Rechte. pro familia hintergrund.* Frankfurt: pro familia Bundesverband.

pro familia Bundesverband (2012b). bunt, flexibel, rechtebasiert. Praxisforschungsprojekt 2012. Außerschulische sexualpädagogische Angebote. Wünsche und Bedarfe. *pro familia factsheet.* Frankfurt: pro familia Bundesverband.

pro familia Bundesverband (2014). Resümee aus den Worldcafé Panels und Vorträgen. Das fördert LGBTI-jugendfreundliche Angebote. Das bringt die sexuellen Rechte voran. In pro familia Bundesverband (Ed.), *Schwule, lesbische und transgender Jugendliche. Ihre Wünsche und Bedarfe in Bezug auf Angebote der SRGR. Forschungsstand und Praxiserfahrungen. pro familia Dokumentation. Expertinnen-Workshop 10.12.2014, Frankfurt am Main* (S. 41–44). Frankfurt am Main: pro familia.

Quinton, D., Pickles, A., Maughan, B. & Rutter, M. (1993). Partners, peers and pathways: assortative pairing and continuities in conduct disorder. *Development and Psychopathology, 5,* 763–783.

Raley, K. R., Crissey, S. & Muller, C. (2007). Of Sex and Romance: Late Adolescent Relationships and Young Adult Union Formation. *Journal of Marriage and Family, 69* (5), 1210–1226.

Rauer, A. J., Pettit, G. S., Lansford, J. E., Bates, J. E. & Dodge, K. A. (2013). Romantic Relationship Patterns in Young Adulthood and Their Developmental Antecedents. *Developmental Psychology, 49* (11), 2159–2171.

Ream, G. L. & Savin-Williams, R. C. (2005). Reciprocal associations between adolescent sexual activity and quality of youth-parent interactions. *Journal of Family Psychology, 19,* 171–179.

Reese-Weber, M. & Bartle-Haring, S. (1998). Conflict Resolution Styles in Family Subsystems and Adolescent Romantic Relationships. *Journal of Youth and Adolescence, 27* (6), 735–752.

Reitz, E., van de Bongardt, D., Baams, L., Doornwaard, S., Dalenberg, W., Dubas, J., van Aken, M., Overbeek, G., ter Bogt, T., van der Eijnden, R., Vanwesenbeeck, I., Kunnen, S., Timmerman, G., van Geert, P. & Deković, M. (2015). Project STARS (Studies on Trajectories of Adolescent Relationships and Sexuality): A longitudinal, multi-domain study on sexual development of Dutch adolescents. *European Journal of Developmental Psychology 12* (5), 613–626.

Rhoades, G. K., Stanley, S. M., Markman, H. J. & Ragan, E. P. (2012). Parents' Marital Status, Conflict, and Role Modeling: Links With Adult Romantic Relationship Quality. *Journal of Divorce & Remarriage, 53* (5), 348–367.

Richards, S. O. (2010). Peer Effects in Sexual Initiation: Separating Social Norms and Partner Supply. *Publicly Accessible Penn Dissertations, 118.*

Roberts, T. A., Klein, J. D. & Fisher, S. (2003). Longitudinal effect of intimate partner abuse on high-risk behavior among adolescents. *Archives of pediatrics & adolescent medicine, 157* (9), 875–881.

Roisman, G. I., Collins, W. A., Sroufe, L. A. & Egeland, B. (2005). Predictors of young adults' representations of and behavior in their current romantic relationship: prospective tests of the prototype hypothesis. *Attachment and Human Development, 7* (2), 105–121.

Roisman, G. I., Masten, A. S., Coatsworth, J. D. & Tellegen, A. (2004). Salient and emerging developmental tasks in the transition to adulthood. *Child Development, 75* (1), 123–133.

Rosenbaum, J. E. (2009). Patient teenagers? A comparison of the sexual behavior of virginity pledgers and matched nonpledgers. *Pediatrics, 123,* 110–120.

Rosenthal, D. A. & Smith, A. M. A. (1997). Adolescent Sexual Timetables. *Journal of Youth and Adolescence, 26* (5), 619–636.

Rosenthal, D. A., Smith, A. M. A., DeVisser, R. & Grad, B. S. (1999). Personal and social factors influencing age at first sexual intercourse. *Archives of Sexual Behavior, 28* (4), 319–333.

Rosenthal, S. L., Burklow, K. A., Lewis, L. M., Succop, P. A. & Biro, F. M. (1997). Heterosexual Romantic Relationships and Sexual Behaviors of Young Adolescent Girls. *Journal of Adolescent Health, 21,* 238–243.

Rostosky, S. S., Galliher, R. V., Welsh, D. P. & Kawaguchi, M. C. (2000). Sexual behaviors and relationship qualities in late adolescent couples. *Journal of Adolescence, 23,* 583–597.

Rowe, D. C. (2002). On genetic variation in menarche and age at first sexual intercourse. A critique of the Belsky–Draper hypothesis. *Evolution and Human Behavior, 23,* 365–372.

Ryan, R. M. & Deci, E. L. (2000). Self-determination theory and the facilitation of intrinsic motivation, social development and well being. *American Psychologist, 55* (1), 68–78.

Saewyc, E. M. (2011). Research on adolescent sexual orientation: Development, health disparities, stigma and resilience. *Journal of Research on Adolescence, 21,* 256–272.

Sanders, S. M. (2003). *Teen Dating Violence: The Invisible Peril.* New York: Peter Lang.

Scharf, M. & Mayseless, O. (2001). The capacity for romantic intimacy: Exploring the contribution of best friend and marital and parental relationships. *Journal of Adolescence, 24,* 379–399.

Schmidt, G. (1993). *Jugendsexualität. Sozialer Wandel, Gruppenunterschiede, Konfliktfelder* (Vol. 69). Stuttgart: Ferdinand Enke Verlag.

Schmidt, G. (2000). *Kinder der sexuellen Revolution: Kontinuität und Wandel im studentischen Sexualverhalten 1966–1996. Eine empirische Untersuchung.* Gießen: Psychosozial-Verlag.

Schmidt, G. (2005). *Das neue DER DIE DAS. Über die Modernisierung des Sexuellen.* Gießen: Psychosozial-Verlag

Schmidt, G. & Matthiesen, S. (2011). »What do boys do with porn?« Ergebnisse einer Interviewstudie, Teil 2. *Zeitschrift für Sexualforschung, 24,* 353–378.

Schott, F. (2013). *Überblick und Einschätzung sexualpädagogischer Programme für Kinder und Jugendliche in Deutschland.* Unveröffentlichte Bachelorarbeit im Fach Psychologie, Lehrstuhl für klinische Psychologie und Psychotherapie an der Ludwig-Maximilians-Universität.

Sedgh, G., Finer, L. B., Bankole, A., Eilers, M. A. & Singh, S. (2015). Adolescent pregnancy, birth, and abortion rates across countries: Levels and recent trends. *Journal of Adolescent Health, 56,* 223–230.

Seiffge-Krenke, I. (2001). Beziehungserfahrungen in der Adoleszenz: Welchen Stellenwert haben sie zur Vorhersage von romantischen Beziehungen im jungen Erwachsenenalter? *Zeitschrift für Entwicklungspsychologie und Pädagogische Psychologie, 33,* 112–123.

Seiffge-Krenke, I. (2003). Testing theories of romantic development from adolescence to young adulthood: Evidence of a developmental sequence. *International Journal of Behavioral Development, 27* (6), 519–531.

Seiffge-Krenke, I. & Beyers, W. (2016). Hatte Erikson doch recht? Identität, Bindung und Intimität bei Paaren im jungen Erwachsenenalter. *Psychotherapeut, 16* (1), Schwerpunkt: Liebesbeziehungen.

Seiffge-Krenke, I. & Burk, W. J. (2016). Früher Beginn. Aggression bei jugendlichen Paaren und ihr Bezug zu Partnerschaftsqualität und Bewältigung von Konflikten. *Psychotherapeut, 16* (1), Schwerpunkt: Liebesbeziehungen.

Seiffge-Krenke, I. & Gelhaar, T. (2006). Entwicklungsregulation im jungen Erwachsenenalter. Zwischen Partnerschaft, Berufseinstieg und der Gründung eines eigenen Haushalts. *Zeitschrift für Entwicklungspsychologie und Pädagogische Psychologie, 38* (1), 18–31.

Seiffge-Krenke, I. & Gelhaar, T. (2008). Does successful attainment of developmental tasks lead to happiness and success in later developmental tasks? A test of Havighurst's (1948) theses. *Journal of Adolescence, 31,* 33–52.

Seiffge-Krenke, I. & Shulman, S. (2012). Transformations in Heterosexual Romantic Relationships across the Transition into Adolescence. In B. Laursen & W. A. Collins (Eds.), *Relationship Pathways: From Adolescence to Young Adulthood* (pp. 157–190). New York: Oxford University Press.

Seiffge-Krenke, I., Overbeek, G. & Vermulst, A. (2010). Parent–child relationship trajectories during adolescence: Longitudinal associations with romantic outcomes in emerging adulthood. *Journal of Adolescence, 33* (1), 159–171.

Seiffge-Krenke, I., Persike, M. & Shulman, S. (2015). Gendered pathways to romantic attachment in emerging adults: The role of body image and parental support. *European Journal of Developmental Psychology, 12* (5), 533–548.

Seiffge-Krenke, I., Shulman, S. & Klessinger, N. (2001). Adolescent precursors of romantic relationships in young adulthood. *Journal of Social and Personal Relationships, 18* (3), 327–346.

Seiffge-Krenke, I., Bosma, H., Chau, C., Çok, F., Gillespie, C., Loncaric, D., Molinar, R., Cunha, M., Veisson, M. & Rohail, I. (2010). All they need is love? Placing romantic stress in the context of other stressors: A 17-nation study *International Journal of Behavioral Development, 34* (2), 106–112.

Sheeran, P., Abraham, C. & Orbell, S. (1999). Psychosocial correlates of heterosexual condom use: A meta-analysis *Psychological Bulletin, 125,* 90–132.

Shell Deutschland Holding (Ed.). (2010). *Jugend 2010. 16. Shell Jugendstudie. Eine pragmatische Generation behauptet sich.* Frankfurt a. M.: Fischer Taschenbuch Verlag.

Shotland, R. L. & Hunter, B. A. (1995). Women's »Token Resistant« and Compliant Sexual Behaviors Are Related to Uncertain Sexual Intentions and Rape. *Personality and Social Psychology Bulletin, 21*, 226–236.

Shulman, S. & Connolly, J. A. (2013). The challenge of romantic relationships in emerging adulthood: Reconceptualization of the field. *Emerging Adulthood, 1*, 27–39.

Shulman, S., Mayes, L. C., Cohen, T. H., Swain, J. E. & Leckman, J. F. (2008). Romantic attraction and conflict negotiation among late adolescent and early adult romantic couples. *Journal of Adolescence, 31*, 729–745

Shulman, S., Scharf, M., Bohr, Y., Tuval-Mashiach, R., Hirsh, Y. & Faians, M. (2017). Adolescent romantic competence and parenting attitudes: Gender variations and correlates. *Journal of Social and Personal Relationships, 34* (4), 594–614.

Shute, R. & Charlton, K. (2006). Anger or Compromise? Adolescents' Conflict Resolution Strategies in Relation to Gender and Type of Peer Relationship. *International Journal of Adolescence and Youth, 13*, 55–69.

Sielert, U. (2005). *Einführung in die Sexualpädagogik*. Weinheim: Beltz Verlag.

Sieving, R. E., Eisenberg, M. E., Pettingell, S. & Skay, C. (2006). Friends' Influence on Adolescents' First Sexual Intercourse. *Perspectives on Sexual and Reproductive Health,, 38* (1), 13–19.

Siggelkow, B. & Büscher, W. (2008). *Deutschlands sexuelle Tragödie: Wenn Kinder nicht mehr lernen, was Liebe ist.* Asslar: Gerth Medien.

Sigl, J. R. (2014). *Bedarfsforschung für ein Programm zur außerschulischen Beziehungsaufklärung.* Unveröffentlichte Masterarbeit im Fach Klinische Psychologie und kognitive Neurowissenschaft an der Ludwig-Maximilians-Universität München.

Silbereisen, R. K. & Weichold, K. (2012). Jugend (12–19 Jahre). In W. Schneider & U. Lindenberger (Eds.), *Entwicklungspsychologie. 7., vollständig überarbeitete Auflage* (S. 235–259). Weinheim, Basel: Beltz Verlag.

Silbereisen, R. K. & Wiesner, M. (1999). Erste romantische Beziehungen bei Jugendlichen aus Ost- und Westdeutschland: Ein Vergleich der Prädiktoren von 1991 und 1996. In R. K. Silbereisen & J. Zinnecker (Eds.), *Entwicklung im sozialen Wandel* (S. 101–118). Weinheim, Basel: Psychologie Verlags Union.

Smith, P. H., White, J. W. & Holland, L. J. (2003). A longitudinal perspective on dating violence among adolescent and college-age women. *American Journal of Public Health, 93* (7), 1104–1109.

Statistisches Bundesamt (2016). *Mütter im Teenager-Alter in Deutschland und der EU immer seltener. Pressemitteilung Nr. 428 vom 01.12.2016.*

Steinberg, L. (2005). *Adolescence. Seventh Edition.* New York: McGraw-Hill.

Steinberg, L. (2011). *Adolescence. Ninth Edition.* New York: McGraw-Hill.

Steinberg, L. (2017). *Adolescence. Eleventh Edition. International Student Edition for use outside the U.S.* New York: McGraw-Hill Education International Edition.

Steinberg, L. & Monahan, K. C. (2011). Adolescents' Exposure to Sexy Media Does Not Hasten the Initiation of Sexual Intercourse. *Developmental Psychology, 47* (2), 562–576.

Surjadi, F. F., Lorenz, F. O., Conger, R. D. & Wickrama, K. A. S. (2013). Harsh, Inconsistent Parental Discipline and Romantic Relationships: Mediating Processes of Behavioral Problems and Ambivalence. *Journal of Family Psychology, 27* (5), 762–772.

Swart, L.-A., Stevens, M. S. G. & Ricardo, I. (2002). Violence in adolescents' romantic relationships: findings from a survey amongst school-going youth in a south african community. *Journal of Adolescence, 25,* 385–395.

Temple, J. R., Le, V. D., van den Berg, P., Ling, Y., Paul, J. A. & Temple, B. W. (2014). Brief report: Teen sexting and psychosocial health. *Journal of Adolescence, 37,* 33–36.

Titzmann, P. F. & Silbereisen, R. K. (2015). Acculturation or development? Autonomy expectations among ethnic German immigrant adolescents and their native German agemates. *Child development, 83,* 1640–1654.

Tolman, D. L. & McClelland, S. I. (2011). Normative Sexuality Development in Adolescence: A Decade in Review, 2000–2009. *Journal of Research on Adolescence, 21* (1), 242–255.

Toomey, E. T. & Nelson, E. S. (2001). Family conflict and young adults' attitudes toward intimacy. *Journal of Divorce and Remarriage, 34* (3/4), 49–69.

Toomey, R. B., Ryan, C., Diaz, R. M., Card, N. A. & Russell, S. T. (2010). Gender-nonconforming lesbian, gay, bisexual, and transgender youth: School victimization and young adult psychosocial adjustment. *Developmental Psychology, 46* (6), 1580–1589.

Tuval-Mashiach, R., Walsh, S., Harel, S. & Shulman, S. (2008). Romantic fantasies, cross gender friendships, and romantic experiences in adolescence. *Journal of Adolescent Research, 23,* 471–478.

Unterforsthuber, A. (2014). »Da bleibt ja viel zu tun ...« Situation von lesbischen, schwulen und transgender Kindern und Jugendlichen und Eltern in München. In pro familia Bundesverband (Ed.), *Schwule, lesbische und transgender Jugendliche. Ihre Wünsche und Bedarfe in Bezug auf Angebote der SRGR. Forschungsstand und Praxiserfahrungen. pro familia Dokumen-*

tation. Expertinnen-Workshop 10.12.2014, Frankfurt am Main (S. 31–35). Frankfurt am Main: pro familia.

Vagi, K. J., Rothman, E. F., Latzman, N. E., Tharp, A. T., Hall, D. M. & Breiding, M. J. (2013). Beyond Correlates: A Review of Risk and Protective Factors for Adolescent Dating Violence Perpetration. *Journal of Youth and Adolescence, 42* (4), 633–649.

van de Bongardt, D. (2015). *Developing adolescent sexuality in contest: Relations with parents and peers.* Ridderkerk: Ridderprint BV.

van Schaik, K. & Stolberg, A. L. (2001). The impact of parental involvement and parental divorce on young adults' intimate relationships. *Journal of Divorce and Remarriage, 36* (1/2), 99–121.

Vicary, J. R., Klingaman, L. R. & Harkness, W. L. (1995). Risk factors associated with date rape and sexual assault of adolescent girls. *Journal of Adolescence, 18,* 289–306.

Vierhaus, M. & Wendt, E.-V. (2018). Sozialbeziehungen zu Gleichaltrigen. In A. Lohaus (Ed.), *Entwicklungspsychologie des Jugendalters* (S. 139–168). Berlin: Springer.

von Salisch, M. & Seiffge-Krenke, I. (2008). Entwicklung von Freundschaften und romantischen Beziehungen. In R. K. Silbereisen & M. Hasselhorn (Eds.), *Entwicklungspsychologie des Jugendalters. Enzyklopädie der Psychologie, Serie V (Entwicklung) Band 5* (S. 421–459). Göttingen: Hogrefe.

von Sydow, K. (2002). Bindung und gestörte Paarbeziehung. In B. Strauß, A. Buchheim & K. Horst (Eds.), *Klinische Bindungsforschung* (S. 231–241). Stuttgart: Schattauer GmbH.

Vrangalova, Z. & Savin-Williams, R. C. (2011). Adolescent sexuality and positive well-being: A group-norms approach. *Journal of Youth and Adolescence, 40,* 931–944.

Walper, S. (2008). Eltern-Kind-Beziehungen im Jugendalter. In R. K. Silbereisen & M. Hasselhorn (Eds.), *Entwicklungspsychologie des Jugendalters* (S. 135–187). Göttingen: Hogrefe.

Walper, S. & Wendt, E.-V. (2015). Adolescents' relationships with mother and father and their links to the quality of romantic relationships: A classification approach. *European Journal of Developmental Psychology 12* (5), 516–532

Walper, S., Beckh, K. & Wendt, E.-V. (2004). *Effects of interparental conflict and separation on adolescent romantic relationships.* Paper presented at the IX Conference of the European Association for Research on Adolescence in Porto (Portugal), 5.5.–8.5.2004.

Walper, S., Lux, U. & Witte, S. (2018). Sozialbeziehungen zur Herkunftsfamilie. In A. Lohaus (Ed.), *Entwicklungspsychologie des Jugendalters* (S. 113–137). Berlin: Springer.

Walper, S., Thönnissen, C., Wendt, E.-V. & Schaer, M. (2010). Der lange Arm der Familie: Die Paarbeziehungen junger Männer und Frauen im Lichte ihrer Beziehung zu Mutter und Vater In S. Walper & E.-V. Wendt (Eds.), *Partnerschaft und die Beziehungen zu Eltern und Kindern: Befunde zur Beziehungs- und Familienentwicklung in Deutschland* (Familie und Gesellschaft (S. 289–320). Band 24, Schriften zum Beziehungs- und Familienpanel. Band 2. ed.). Würzburg: Ergon.

Walper, S., Guglhör-Rudan, A., Thönnissen, C., Wendt, E.-V. & Beckh, K. (2008). Paarbeziehungen im Jugend- und Erwachsenenalter: Entwicklungsbedingte Besonderheiten und Einflüsse der Herkunftsfamilie. In M. Feldhaus & J. Huinink (Eds.), *Neuere Entwicklungen in der Beziehungs- und Familienforschung. Vorstudien zum Beziehungs- und Familienentwicklungspanel (PAIRFAM)* (Familie und Gesellschaft. Band 23, Schriften zum Beziehungs- und Familienpanel. Band 1. ed., S. 77–114). Würzburg: Ergon.

Weichold, K. & Blumenthal, K. (2018). Problemverhalten. In A. Lohaus (Ed.), *Entwicklungspsychologie des Jugendalters* (S. 169–196). Berlin: Springer.

Weichold, K. & Silbereisen, R. K. (2008). Pubertät und psychosoziale Anpassung. In R. K. Silbereisen & M. Hasselhorn (Eds.), *Entwicklungspsychologie des Jugendalters* (S. 3–53). Göttingen: Hogrefe.

Weichold, K., Silbereisen, R. K. & Schmitt-Rodermund, E. (2003). Short-term and long-term consequences of early versus late physical maturation in adolescents. In C. Hayward (Ed.), *Gender differences at puberty* (pp. 241–276). New York: Cambridge University Press.

Weiser, S. (2012). *bund, flexibel, rechtebasiert. 21 Wünsche und Bedarfe von Jugendlichen in Bezug auf außerschulische sexualpädagogische Angebote.* Frankfurt: pro familia Bundesverband.

Wendt, E.-V. (2009). *Sexualität und Bindung. Qualität und Motivation sexueller Paarbeziehungen im Jugend- und jungen Erwachsenenalter.* Weinheim: Juventa.

Wendt, E.-V. (2012). *Alter beim »Ersten Mal« und schulischer Erfolg: Ergebnisse einer repräsentativen Befragung.* Paper presented at the 48. Kongress der Deutschen Gesellschaft für Psychologie (DGPs) in Bielefeld, 24.9.2012.

Wendt, E.-V. (2015). Frühe Partnerschaftsbeziehungen in drei Kohorten. Befunde aus dem pairfam-Panel. *Vortrag auf dem Deutsch-Österreichisch-Schweizerischen Demographentreffen DACH 2015 am 30.10.2015 in München.*

Wendt, E.-V. (2016a). »Die wissen doch schon alles!«. *Neue Gespräche. Heft »Wir müssen reden! Sexualität und Werte«, 2016* (2), 14–17.

Wendt, E.-V. (2016b). Paarbeziehungen Jugendlicher und junger Erwachsener. Ein Fokus auf Unsicherheiten und Konflikte. *Psychotherapeut, 16* (1), 10–15. Schwerpunkt: Liebesbeziehungen.

Wendt, E.-V. & Walper, S. (2008). *Effects of attachment security, personality, and relationship quality on separation risks of young couples.* Paper presented at the The XIth EARA Conference (European Association for Research on Adolescence) in Turin (Italy), May 7–10, 2008.

Wendt, E.-V. & Walper, S. (2013a). *Einflüsse von sozialer Benachteiligung und Persönlichkeit auf das Alter beim »Ersten Mal«: Ergebnisse einer repräsentativen Befragung bei Jugendlichen.* Paper presented at the 21. Fachgruppentagung Entwicklungspsychologie der DGPs in Saarbrücken, 9. bis 11.9.2013.

Wendt, E.-V. & Walper, S. (2013b). Sexualentwicklung und Partnerschaften Jugendlicher: Ergebnisse einer repräsentativen Befragung von 15- bis 17-Jährigen. *Zeitschrift für Soziologie der Erziehung und Sozialisation, 33* (1), 62–81.

Wendt, E.-V. & Walper, S. (2013c). Was beeinflusst das Reifungstempo? Körperliche Entwicklung und sozialisatorische Einflüsse. *SCHÜLER. Wissen für Lehrer. Publikationsreihe im Friedrich Verlag, Heft 2013: Pubertät,* 24–25.

Wendt, E.-V. & Walper, S. (2014). Verhütungsverhalten Jugendlicher in Deutschland: Aktuelle Zahlen und Risikogruppen. *Zeitschrift für Gesundheitspsychologie, 22* (3), 142–150.

Wendt, E.-V. & Walper, S. (2015). Prädiktoren konsequenter Verhütung bei Jugendlichen: Individuelle, familien- und partnerschaftsbezogene Risikolagen. *Zeitschrift für Soziologie der Erziehung und Sozialisation, 35* (3), 252–267.

Wendt, E.-V., Lux, U. & Walper, S. (2015). Influences of Attachment Insecurity to Parents and Partners on Intimate Partner Violence in Adolescence. *Vortrag auf der International Attachment Conferenz in New York, USA.*

Wendt, E.-V., Lux, U. & Walper, S. (2018). *Autonomie und Verbundenheit in der Interaktion junger Paare: Eine Beobachtungsstudie mit Jugendlichen und jungen Erwachsenen im Vergleich.* Paper presented at the 51. DGPs-Kongress in Frankfurt am Main, 15.-20.9.2018.

Wendt, E.-V., Schmahl, F. & Walper, S. (2010). *Coping with Romantic Breakup in Adolescence and Young Adulthood.* Paper presented at the 5th Congress of the European Society on Family Relations in Milan, Italy, 29.9.-2.10.2010.

Wendt, E.-V., Schmahl, F. & Walper, S. (2013). *Coping with Partnership Breakup: A Prospective Analysis of Separation Distress Among Adolescents and Adults*. Paper presented at the 2013 SRCD Biennial Meeting in Seattle, Washington (USA), 19.4.2013.

Wendt, E.-V., Schaer, M., Schmahl, F., Thönnissen, C. & Walper, S. (2010). Partnerschaften in der 1. Welle des Beziehungs- und Familienentwicklungspanels (pairfam), *Arbeitspapier Nr. 18 des DFG-Schwerpunkts »Beziehungs- und Familienentwicklungspanel«*. Universität München.

Wheeler, L. A., Killoren, S. E., Whiteman, S. D., Updegraff, K., A., McHale, S. M. & Umaña-Taylor, A. J. (2016). Romantic Relationship Experiences from Late Adolescence to Young Adulthood: The Role of Older Siblings in Mexican-Origin Families. *Journal of Youth and Adolescence, 45* (5), 900–915.

Whitaker, D. J. & Miller, K. S. (2000). Peer-adolescent discussions about sex and condoms: Impact on peer influences of sexual risk behavior. *Journal of adolescent research, 15*, 251–273.

WHO-Regionalbüro für Europa und BZgA (2011). *Standards für die Sexualaufklärung in Europa. Rahmenkonzept für politische Entscheidungsträger, Bildungseinrichtungen, Gesundheitsbehörden, Expertinnen und Experten.* Köln: Bundeszentrale für gesundheitliche Aufklärung.

Widman, L., Welsh, D. P., McNulty, J. K. & Little, K. C. (2006). Sexual communication and contraceptive use in adolescent dating couples. *Journal of Adolescent Health, 39*, 893–899.

Wild, E. & Walper, S. (2014). Familie. In E. Wild & J. Möller (Eds.), *Pädagogische Psychologie. 2. Auflage* (S. 227–259). Berlin: Springer.

Youniss, J. & Smollar, J. (1985). *Adolescent relations with mothers, fathers, and friends*. Chicago: The University of Chicago Press.

Yu, R. (2014). *Adolescent personality in social contexts. Pals, partners, and problems*: Ipskamp Drukkers B. V.

Zimmer-Gembeck, M. J. & Helfand, M. (2008). Ten years of longitudinal research on U.S. adolescent sexual behavior: Developmental correlates of sexual intercourse, and the importance of age, gender and ethnic background. *Developmental Review, 28*, 153–224.

Zimmer-Gembeck, M. J., Siebenbruner, J. & Collins, W. A. (2001). Diverse aspects of dating: Associations with psychosocial functioning from early to middle adolescence. *Journal of Adolescence, 24* (3), 313–336.

Zimmer-Gembeck, M. J., Siebenbruner, J. & Collins, W. A. (2004). A prospective study of intraindividual and peer influences on adolescents' heterosexual romantic and sexual behavior. *Arch. Sex. Behav., 33*, 381–394.

Zweig, J. M., Dank, M., Yahner, J. & Lachman, P. (2013). The Rate of Cyber Dating Abuse Among Teens and How It Relates to Other Forms of Teen Dating Violence. *Journal of Youth and Adolescence, 42* (7), 1063–1077.